Balsam für die Seele
Freundschaft

D1856684

Norbert Lechleitner

BALSAM FÜR DIE SEELE

Freundschaft

Überraschende Weisheitsgeschichten, die Sympathie schenken

HERDER

FREIBURG · BASEL · WIEN

HERDER spektrum Band 6618

MIX
Papier aus verantwortungsvollen Quellen
FSC® C106847

© Verlag Herder GmbH, Freiburg im Breisgau 2013
Alle Rechte vorbehalten
www.herder.de

Umschlaggestaltung und Schmuckvignetten: Nina Chen
Satz: Layoutsatz Kendlinger
Herstellung: fgb · freiburger graphische betriebe
www.fgb.de

Printed in Germany

ISBN 978-3-451-06618-4

Inhalt

Vorwort

Kinder brauchen das Urvertrauen in ihre Eltern, um sicher und stark zu werden. Sind sie selber dann erwachsen geworden, wird ihr Urvertrauen in das Leben oft auf die Probe gestellt. Manchmal legt das Schicksal einem Steine in den Weg, die man nicht umgehen und auch alleine nicht wegräumen kann.

Wer Freunde in seiner Nähe weiß, wird auch dann nicht verzagen. Sie werden erst helfen und dann den Sieg gemeinsam feiern. Oder einfach nur zuhören und einen Teil der Last mittragen.

Verlässlichkeit, Vertrauen, Zuneigung, Achtung, Austausch, Gemeinsamkeit, Anteilnehmen – wie ist der reich, der diese Güter mit Freunden teilen kann. Ihre Freundschaft ist der Quell des Urvertrauens ins Leben, der ihnen Zuversicht, Freude, Sicherheit und gute

Erfahrungen schenkt. Immer ist es ein Geben und Nehmen auf Gegenseitigkeit, das nicht aufgerechnet wird. Der Alltag wird leichter und bunter. Ja, sagt es einander: »Wie schön ist es zu leben, weil du lebst.«

Von den Spielarten der Freundschaft erzählen diese Geschichten, den Freunden zur Freude und zum Nachdenken.

Norbert Lechleitner

1. Überbrücken

Die Schüler diskutierten, was nötig ist, um die Entfernung zwischen zwei Menschen zu überbrücken.

„Wenn man miteinander an einem Tisch sitzt, isst und trinkt, dann kommt man sich näher“, sagte ein Schüler.

„Wenn man miteinander singt“, schlug jemand vor.

„Eine freundliche Geste ist hilfreich“, sagte ein Dritter.

„Es geht noch leichter“, sagte der Meister. „Ein Lächeln genügt.“

2. Nichts verpasst

Zwei Männer waren zusammen aufgewachsen und seit ihrer Schulzeit befreundet, denn beide verband eine große Leidenschaft: der Fußball. Jeden Samstagnachmittag trafen sie sich auf dem Sportplatz, fieberten mit ihrem Verein und besprachen das Spiel anschließend in ihrem Stammlokal. Natürlich kannten sie alle Spieler und alle Tabellenplätze in jeder Saison. Es gab kein Spiel, das sie nicht besuchten.

Fast kein Spiel, denn in einer Saison versäumten sie sieben Spiele. Das war in dem Jahr, als einer von ihnen schwer erkrankte. Doch statt alleine zum Spiel zu gehen, und dem Kranken danach von dem Match zu erzählen, blieb der Gesunde bei seinem Freund, saß an seinem Krankenbett, und sie redeten von den Höhepunkten und den Niederlagen ihres Vereins. Der Kranke wurde nicht wieder gesund und verstarb bald darauf.

Später sagte einmal sein Freund: „Ich habe viele gute Spiele gesehen. Ich habe einige herausragende Spiele gesehen. Doch die Spiele, die ich am meisten genossen habe, waren die Spiele, die ich versäumte."

3. Urlaubserinnerung

Eine Familie mit drei kleinen Kindern war glücklich, ein paar Ferientage am Strand verbringen zu können. Sie tummelten sich in den Wellen, bauten Sandburgen, sammelten Muscheln und ließen Drachen steigen.

Die Kinder spielten gerade beim Wasser, als eine alte Frau in zerlumpten Kleidern sich ihnen langsam näherte. Immer wieder bückte sich die Alte, hob laut vor sich hinmurmelnd etwas vom Boden auf, das sie in einen Plastikbeutel steckte.

Besorgt riefen die Eltern die Kinder zu sich und verlangten, dass sie sich von der wunderlichen alten Frau fernhielten. Doch die kam nun, immer wieder etwas auflesend, auch auf die Familie zu. Und während sie sich wieder bückte, um etwas aus dem Sand aufzuheben, lächelte sie die Leute mit ihrem zahnlosen

Mund an. Doch die erwiderten ihren stummen Gruß nicht.

Abends auf dem Zeltplatz erfuhren sie von den Nachbarn, dass die alte Frau eine verarmte Witwe aus dem Dorf sei, die es sich zur Aufgabe gemacht hatte, Glasscherben und Trinkdosenverschlüsse aus dem Sand aufzusammeln, damit sich niemand am Fuß verletze.

4. Verdacht

Ein Mann sorgte sich sehr um seine Karriere. Einmal konnte er Unterlagen für ein wichtiges Projekt nicht finden, das für sein berufliches Fortkommen von entscheidender Bedeutung war. So sehr er auch suchte, die Unterlagen blieben verschwunden.

Da verdächtigte er den jungen Kollegen aus dem Nachbarbüro, ihm die Unterlagen zum eigenem Vorteil und um ihm zu schaden gestohlen zu haben. Darum beobachtete er ihn von da an genau: Seine Art durch den Behördenflur zu gehen, schien ihm die eines Diebes zu sein. Sein Gesichtsausdruck wirkte wie der eines Diebes. Auch sein plötzliches Verstummen, wenn er in der Nähe war, kam ihm vor wie das eines Diebes. Alles, was sein Büronachbar tat, war seiner Ansicht nach das Verhalten eines Diebes. Ihn quälte der furchtbare

Verdacht, dass ihm sein Nachbar schaden wolle, aber weil er seine Beschuldigung nicht beweisen konnte, sagte er nichts.

Wenige Tage später, beim Ordnen einiger Akten, fand er die gesuchten Unterlagen wieder. Als er seinem Nachbarn begegnete, sah dessen Art, ihm entgegenzukommen, ihn anzulächeln und ihn zu grüßen, ganz und gar nicht wie die eines Diebes aus.

5. *Alle oder keiner*

Eine Indianergruppe war auf der Suche nach neuen Jagdgründen schon mehrere Tage unterwegs. Seit Stunden durchquerten sie ein Wüstengebiet. Lange hatten sie keine wasserhaltigen Pflanzen mehr gesehen, die ihrem trockenen Gaumen Linderung verschafft hätten.

Die Sonne brannte unbarmherzig, als sie im Schatten eines Felsens rasteten, um vor der Gluthitze Schutz zu suchen. Sie alle litten Qualen und waren dem Verdursten nahe.

Da brachte einer von ihnen eine kleine Schale mit Wasser, das er unter großen Mühen aus einer unter Steinen verborgenen Mulde geschöpft hatte. Er reichte das Schälchen seinem Häuptling. Der nahm es entgegen und betrachtete es einen Augenblick. Aber er zögerte, es an seine Lippen zu führen, denn er sah in die Augen und die versteinerten Gesichter seiner Gefolgsleute.

Mit gelassener Miene drehte er das Schälchen um und goss seinen kostbaren Inhalt auf die glühende Erde. „Für einen allein wäre es zu viel gewesen, und für alle zu wenig.

6. Durchdrungen

Zwei Wanderer gingen eine staubige Straße entlang und wurden sehr durstig. Sie beschlossen, in einem Rasthaus etwas zu trinken, mussten jedoch feststellen, dass ihre gemeinsame Barschaft nur für ein Glas Milch reichte.

„Trink du deine Hälfte zuerst“, bot einer seinem Freund an. „Ich habe noch eine Prise Zucker, die ich in meinen Teil geben werde.“

„Tue den Zucker doch jetzt hinein, dann haben wir beide etwas davon.“

„Nein, der Zucker reicht nicht für das ganze Glas Milch.“

Da ging der Wanderer in die Küche und brachte einen Salzstreuer mit.

„Ich habe meine Hälfte der Milch mit etwas Salz verfeinert. Aber keine Sorge, es ist noch genug für deine Hälfte da.“

7. *Kleinigkeiten*

Jede Woche, wenn der Straßenkehrer auch vor ihrem Haus fegte, kam die Frau heraus, gab ihm ein Glas Limonade und ein Stückchen Gebäck. Er war ein netter alter Mann, dankte freundlich und nahm seine Arbeit wieder auf.

Eines Abends ertönte die Klingel, und der Straßenfeger stand vor der Haustüre. In der Hand hielt er ein Sträußchen Blumen und eine kleine Schachtel Pralinen. Er schien etwas nervös, als er der Frau sagte: „Das ist für Sie, liebe Frau, als Dank für Ihre Freundlichkeit."

„Aber das sollten Sie wirklich nicht tun", sagte die Frau etwas verlegen. „Ein Glas Limonade, das ist doch nichts."

„Mag sein, dass es nicht viel ist", sagte der Straßenfeger, „aber es ist mehr, als jeder andere getan hat."

8. Hilfsbereit

Ein Bauer brachte mit seinem Esel einen schweren Sack mit Korn zum Müller. Unterwegs rutschte der Sack vom Rücken des Esels und lag nun auf dem Weg.

So sehr der Bauer sich auch bemühte, den Sack anzuheben, es gelang ihm nicht, denn er war für einen Mann alleine viel zu schwer. So blieb ihm nichts anderes übrig, als zu warten, dass jemand vorbei käme, der ihm helfen könne.

Nach gar nicht langer Zeit hörte er einen Reiter näher kommen, doch am liebsten hätte er sich in ein Mauseloch verkrochen, als er erkannte, dass der Reiter der Herr Graf aus dem nahe liegenden Schloss höchstpersönlich war. Viel lieber hätte er natürlich einen anderen Bauern um Hilfe gebeten oder einen Handwerksburschen, aber es schien ihm ganz unmöglich, einen so hochgestellten Herrn um Hilfe zu fragen.

Der Graf kam herangeritten, erkannte das Problem, stieg vom Pferd und sagte: „Wie ich sehe, hast du ein bisschen Pech gehabt, mein Freund. Da bin ich ja gerade rechtzeitig gekommen, um dir behilflich zu sein." Sprach's und fasste den Sack an einem Ende, der Bauer nahm das andere Ende, und gemeinsam hoben sie den Getreidesack auf den Rücken des Esels.

Immer noch fassungslos stammelte der Bauer: „Mein Herr, wie kann ich Ihnen das vergelten?"

„Nichts leichter als das", sagte der Edelmann. „Wann immer du einen Menschen in Schwierigkeiten siehst, dann tue das gleiche für ihn."

9. *Geteiltes Leid*

Zwei Wanderer waren seit den frühen Morgenstunden unterwegs. Die Sonne brannte auf sie nieder. Ihre Kehlen waren ausgetrocknet, ihre Beine waren bleischwer, die Füße schmerzten.

„Ich gehe jetzt keinen Schritt weiter“, sagte der Jüngste und ließ sich ins Gras fallen. „Noch sechs Kilometer und fast immer bergauf, das schaffe ich nicht mehr.“

„Wenn du es bis hierher geschafft hast, wirst du den Rest des Weges auch noch überstehen“, ermunterte ihn sein Weggefährte und fügte wohlmeinend hinzu: „Es sind doch nur noch drei für jeden von uns.“

10. Versöhnlich

Ein Manager kam einmal zum Meister und bat ihn um Rat in schwierigen Personalfragen. „Wo viele Menschen zusammenarbeiten, gibt es immer wieder Menschen, deren Temperamente und Charaktereigenschaften einfach nicht miteinander harmonieren. Wie kann ich solche Menschen zur Zusammenarbeit motivieren?“

Der Meister sagte: „Betrachte den einfachen Kochtopf. Zwar vermag sein dünner Boden die feindlichen Elemente Feuer und Wasser nicht zu versöhnen, aber er verhilft ihnen zur verträglichen Zusammenarbeit, die Gutes bewirkt. Doch mischt er sich nicht in ihre Eigenheiten ein: Er lässt das Wasser Wasser sein, und das Feuer brennt so heiß wie immer.“

11. Der Weg des Wortes

Ein König, der für seine Weisheit und Gerechtigkeit weit über die Grenzen seines Landes hinaus berühmt war, wollte seinen Sohn prüfen, den die besten und weisesten Lehrer des Landes, die ruhmreichsten Kämpfer und die begnadetsten Künstler erzogen hatten.

Auf seine geheimen Anweisungen hin hatte ein geschickter Handwerker drei Köpfe anfertigen lassen, die einander vollkommen gleich waren. Diese überreichte er seinem Sohn und sagte dazu: „Nenne mir innerhalb von drei Tagen den Wert dieser Köpfe. Wenn du das vermagst, werde ich dich binnen Jahresfrist zu meinem Nachfolger ernennen; weißt du aber den Wert dieser Köpfe nicht zu bestimmen, schicke ich dich so lange in die Verbannung, bis dein Geist geläutert ist."

Das war eine außerordentlich schwere Prüfung. Stundenlang drehte der Prinz die Köpfe hin und her, maß sie, wog sie, versuchte es mit Feuer und Wasser, doch er kam der Antwort keinen Schritt näher. Dann befragte er seine Lehrer, aber am Ende des ersten Tages gaben sie verzweifelt auf, und er war so klug wie zuvor. Am nächsten Tag befragte er die Heerführer und Kämpfer; doch denen fiel nichtmal eine einzige mögliche Antwort ein, und am Ende des Tages war er so klug wie zuvor. Am dritten Tag setzte er seine Hoffnungen auf die reiche Phantasie der Künstler, doch alle ihre Ideen brachten keine Lösung.

Am Abend war er sehr verzweifelt, denn mehr noch als die Verbannung fürchtete er die Schande und die enttäuschten Erwartungen. In der Dämmerung setzte er sich an das Ufer des Meeres und ging mit sich zu Rate, ob er nicht im Meer seinen Tod finden solle, um seiner Verzweiflung zu entgehen. Zwar wusste er des Rätsels Lösung nicht, aber er vertraute auf seinen Glauben. Denn wenn ihm die besten Menschen nicht helfen konnten, dann konnte nur noch Gott helfen.

Nicht wissend, ob er schlief oder wachte, vermeinte er mit einem Mal das Gelächter von zwei Möwen zu hören, die auf einem nahen Felsen saßen. „Der arme Tropf", lachte die eine Möwe, „jetzt hat er so viel studiert und kann doch die einfache Lösung nicht finden." „Du Angeber tust gerade so, als wenn du das Geheimnis der drei Köpfe kennen würdest", spottete die andere Möwe. „Nichts leichter als das!" „Ach, du spielst dich ja nur auf; in Wirklichkeit weißt du gar nichts!" „Also gut! Ich verrate aber nur so viel, dass du daran erkennst, dass ich die Lösung weiß: Wenn der schöne Jüngling dort sich an einen der wichtigsten Grundsätze erinnern würde, der da heißt: ‚Reden ist Silber und Schweigen ist Gold'; und wenn er außerdem noch das kleine

Loch im rechten Ohr eines jeden Kopfes bemerken würde, dann hätte er das große Rätsel praktisch gelöst!" „Das denkst du dir doch nur aus", erwiderte die andere Möwe. „Gut, dann wollen wir morgen auf das Fenstersims der königlichen Audienzhalle fliegen. Und wenn der schlafende Jüngling das Rätsel lösen kann, wirst du ja sehen, ob ich recht hatte."

Verwundert rieb der Prinz sich die Augen. Hatte er geträumt? – Er wusste es nicht. Da fielen ihm die Stimmen wieder ein, die er vermeinte, gehört zu haben. „Und wenn es nur der Strohhalm ist, der mich vor dem Ertrinken rettet", sagte er sich, „das will ich sofort überprüfen!"

Am nächsten Morgen waren alle Würdenträger des Reiches in der Audienzhalle versammelt, und auch die zwei Möwen saßen auf dem Fenstersims. „Nun, mein Sohn, weißt du den Wert der drei Köpfe?" „Ich glaube, eine Antwort zu wissen", entgegnete der Prinz und betrachtete die Köpfe von allen Seiten. „Bring mir ein Stück Silberdraht“, befahl er einem Diener. Der Prinz führte den Silberdraht in das Löchlein des rechten Ohres im ersten Kopf ein. Er bewegte den Silberdraht hin und her, doch er kam nirgends zum Vorschein.

„Dieser Mensch ist sehr verschlossen. Was man ihm sagt, ist bei ihm gut aufgehoben; er verrät nichts. Ein solcher Mensch ist unbezahlbar.“ Dann nahm er den zweiten Kopf hoch, steckte den Silberdraht ins Ohrloch, bewegte den Draht ein wenig und das andere Ende kam zum Mund wieder heraus.

„Dieser Mensch ist ein wenig leichtgläubig. Was ihm zum Ohr reingeht, geht ihm zum Mund wieder heraus. Er ist seinen Lohn wert, so wie die meisten Menschen.“

Nun nahm er auch den dritten Kopf in die Hand, führte den Silberdraht in das Ohrloch ein, doch kaum hatte er den Draht etwas bewegt, da erschien die Spitze auch schon im

Mund, dann in der Nase, in den Augen und sogar zum anderen Ohr hinaus.

„Dieser Mensch ist unzuverlässig. Er taugt gar nichts, denn er kann nicht das geringste Geheimnis für sich behalten; er ist keine zwei Pfennig wert!"

Der König war mit diesen Antworten seines Sohnes sehr zufrieden und ernannte ihn zu seinem Nachfolger.

12. *Missgunst*

Drei griesgrämige alte Männer saßen zusammen auf der Parkbank. Mit prahlerischen Reden versuchten sie, sich einander in ihrer Missgunst zu übertrumpfen.

Der erste Griesgram sagte: „Wenn ich gerade beim Essen sitze und es klopft an meine Tür, dann räume ich alles weg, bevor ich öffne, damit ich niemanden zum Essen einladen muss."

„Das ist noch keine echte Missgunst", kritisierte der zweite Griesgram, „du bist geizig, und dein Verhalten ist einfach schlecht. Ich gönne anderen noch viel weniger als du. Denn wenn ich von jemandem eingeladen werde, und es ist auch noch ein anderer Gast da, dann frage ich mich, warum der wohl eingeladen wurde."

„Aber das ist doch alles ganz harmlos", meinte der dritte Griesgram. „Du bist doch nur unsicher. Du fragst dich, ob der andere ein höheres Ansehen genießt als du und ob der Hausherr genug zu bieten hat, damit du nicht zu kurz kommst. Du gönnst dem anderen nichts, damit du selber nicht das Nachsehen hast. Weil das so ist, kann ich von mir behaupten, dass ich anderen Leuten noch viel weniger gönne als ihr beide."

„Jetzt gibst du aber mächtig an. Für so missgünstig haben wir dich gar nicht gehalten. Womit willst du uns das denn beweisen?", fragten die skeptischen Alten.

„Wenn mir jemand was Gutes anbietet, dann frage ich mich aus lauter Missgunst: Warum verschwendet der sein Eigentum und bietet es ausgerechnet mir an?"

13. Zuverlässig

Zwei Freunde hatten sich geschworen, sich auf ihrer langen Reise in allen Nöten und Gefahren beizustehen. Auf ihrer einsamen Wanderschaft geschah es, dass ein riesiger Bär ihre Witterung aufgenommen hatte und sie verfolgte. Einer der Freunde hatte in seiner Panik alle guten Vorsätze, einander zu beschützen und zu helfen, sofort vergessen. Er rannte zu einem Baum, sprang zum untersten Ast, zog sich hoch und brachte sich in Sicherheit.

Im Vertrauen auf die Erzählung, dass ein Bär niemals einen toten Menschen angreift, warf sich der andere Wanderer auf die Erde und stellte sich tot.

Der Bär kam näher, schnüffelte überall an dem vermeintlich Toten herum, ließ dann aber von dem reglosen Körper ab und trollte sich von dannen.

Der Reisegefährte kletterte von seinem Baum, rüttelte den erstarrten Freund und fragte ihn grinsend: „Was hat der Bär dir denn gesagt? Ich habe genau gesehen, dass er seine Schnauze ganz nah an dein Ohr hielt."

„Nun, er gab mir den guten Rat, niemals solchen falschen Freunden zu vertrauen, die beim ersten Anzeichen von Gefahr Reißaus nehmen und ihre Freunde im Stich lassen."

14. Geduld

Ein Mann, der in eine ferne Stadt fuhr, um seine erste Stelle als Lehrer anzutreten, wurde von seinem Freund verabschiedet.

„Wenn du jetzt bald vor deiner Klasse stehen wirst, dann bedenke stets, was du im Umgang mit Schülern niemals vergessen darfst: Du musst Geduld haben!“, riet ihm sein Freund. Der junge Lehrer versprach, den Rat zu beherzigen.

Im Laufe des Gesprächs wiederholte der Freund seinen Rat noch dreimal. Als er jedoch ansetzte, seinen Rat, niemals die Geduld zu verlieren, zum vierten Mal mit Nachdruck zu empfehlen, rief der Lehrer verärgert:

„Was nervst du mich mit deinem lächerlichen Ratschlag! Meinst du, ich hätte ihn beim ersten Mal nicht verstanden?

Es ist doch absolut selbstverständlich, dass man im Umgang mit anderen Geduld üben muss!“

„Warum tust du es dann nicht?“, seufzte der Freund.

15. Beurteilung

Ein kleiner Hund war von einem Auto angefahren worden und lag wie tot am Straßenrand. Ein Arzt fuhr in seinem Wagen vorbei und bemerkte, dass der Hund noch Lebenszeichen von sich gab. Er stieg aus, holte die alte Autodecke aus dem Kofferraum, hüllte den Hund hinein und fuhr mit ihm nach Hause.

Dort untersuchte er den kleinen Hund sorgfältig, konnte jedoch außer Prellungen und einigen Abschürfungen sowie einer kleinen Schnittwunde keine schwerwiegenden Verletzungen feststellen. Ganz sicher hatte der Aufprall den Hund tief betäubt.

Es gelang dem Arzt, den vierbeinigen Patienten wiederzubeleben. Dann reinigte er ihm die Wunden, legte ihn wieder auf die Decke und trug ihn nach draußen zur Garage.

Plötzlich sprang ihm der Hund vom Arm und verschwand humpelnd um die Ecke. Verwundert sah der Arzt ihm nach und sagte zu sich: „Was für ein undankbarer kleiner Kerl – nach allem, was ich für ihn getan habe!"

Er hatte nicht mehr an das Ereignis gedacht, bis er am nächsten Abend ein kratzendes Geräusch an der Terrassentür vernahm. Er konnte sich nicht erklären, woher es wohl käme. Als er die Türe öffnete stand dort der kleine Hund, den er behandelt hatte – in Begleitung eines verletzten Hundes.

16. Unverändert

Meyer war glücklich. Er hätte die ganze Welt umarmen können. Er hatte seiner Sekretärin Blumen mitgebracht. Auf der Straße lachte er die Leute an und im Restaurant die Kellner. Meyer war total gut drauf, denn vor zwei Tagen war ihm der ersehnte Stammhalter geboren worden, und seiner Frau und seinem Sohn ging es prächtig und ihm auch.

Daran konnte auch die Begegnung mit Schulze nichts ändern, obwohl er mit seinem schärfsten Konkurrenten in der Stadt in einer Art Dauerfehde lag. Und im besten Restaurant, wo er während des Krankenhausaufenthalts seiner Gattin zu Abend aß, konnte er ihm ohnehin nicht ausweichen.

Stattdessen ging er auf Schulze zu, streckte ihm freudig grinsend die Hand entgegen und sagte: „Ich wünsche dir alles, was du mir auch wünschst!“

„Fängst du schon wieder an?“, knurrte Schulze.

17. Anfang

Der Krieg war in aller Munde. Zwar waren die Kämpfe fern, doch waren die Eltern verunsichert, wie sie ihren Kindern das grausame Geschehen erklären sollten, das sich auch in ihre Wohnungen drängte.

„Papa, wodurch entstehen eigentlich Kriege?", fragte der kleine Junge seinen Vater.

Der Vater schaute über den Zeitungsrand, sah nachdenklich seinen Sohn an und sagte: „Angenommen, zwei benachbarte Länder leben friedlich nebeneinander, wie zum Beispiel Kanada und USA, dann will das eine Land etwas haben, was das andere Land nicht hergeben will. Dann schickt Kanada seine Soldaten in die USA ..."

„Erzähl dem Kind doch nicht solchen Unsinn!", rief die Mutter. „Kanada hat nie Krieg gegen die USA geführt."

„Was mischst du dich ein?“, wehrte sich der Vater. „Ich hab doch nur an einem Beispiel ...“

„Deine Beispiele sind so aus der Luft gegriffen, die stiften doch mehr Verwirrung, anstatt irgendetwas zu verdeutlichen. Es ist doch absolut nicht wahr, dass Kanada gegen Amerika Krieg geführt hat.“

„Willst du mich vor dem Kind als Lügner hinstellen? Ich versuche nur etwas zu erklären, und du kritisierst und meckerst an mir herum. Wenn du meinst, du könntest es besser, dann erklär' es doch selber. Ich sag' überhaupt nichts mehr!“

„Wie redest du denn vor dem Kind mit mir? Kannst du dich denn gar nicht beherrschen? Immer musst du ...“

„Hört auf zu streiten!“, rief der Sohn dazwischen. „Ich kann mir jetzt sehr gut vorstellen, wie Kriege anfangen.“

18. Zusammenhalt

Die Eltern waren es Leid, dass sich ihre sieben Kinder dauernd stritten. Eines Tages rief der Vater die Kinder ins Wohnzimmer. Auf den Tisch legte er sieben gleichdicke Stöcke, die mit einer Schnur zu einem Bündel zusammengebunden waren.

„Ich bin bereit, demjenigen von euch hundert Mark zu geben, der es schafft, diese Stöcke zu zerbrechen“, forderte er seine Kinder auf.

Jedes seiner Kinder bemühte sich, doch schließlich mussten sie einsehen, dass es ihnen trotz aller Anstrengung nicht möglich war, das Bündel zu zerbrechen.

„Nun, ihr habt euch bemüht und erkannt, dass ihr diese Stöcke nicht zerbrechen könnt“, sagte der Vater. „Und doch ist nichts leichter als das.“ Er öffnete die Schnur, nahm einen

Stock in die Hände und zerbrach ihn. Und auch die anderen Stöcke zerbrach er, einen nach dem anderen, ohne die geringste Anstrengung.

Die Kinder protestierten und meinten, das sei ein ganz lausiger Trick. Doch sie wurden still und nachdenklich, als der Vater ihnen sagte: „So wie es diesen Stöcken erging, wird es euch ergehen. Denn ihr seid wie diese Stöcke. Solange ihr zusammenhaltet seid ihr stark wie dieses Bündel und niemand kann euch in Gefahr bringen. Doch wenn ihr streitet und untereinander uneins seid, wenn ihr auseinander geht und nichts mehr voneinander wissen wollt, dann kann es jedem von euch ergehen wie diesen Stöcken, die jetzt zerbrochen vor euch auf dem Tisch liegen."

19. Urteil

Zwei Schüler gerieten in Streit und konnten sich nicht einigen. Ein Freund riet ihnen, ihre Sache dem Meister vorzutragen und sich seinem Urteil zu beugen.

Vor dem Meister erklärte der eine Schüler seinen Standpunkt, begründet seine Meinung und bat um eine Entscheidung zu seinen Gunsten.

„Du hast Recht“, sagt der Meister.

Aber auch der andere Schüler war nicht auf den Mund gefallen und erklärt seine Ansicht ebenso klar und unmissverständlich und begründete, dass die Entscheidung des Meisters zu seinen Gunsten ausfallen müsse.

„Du hast Recht“, urteilte der Meister.

Da meldete sich der Freund der beiden Kontrahenten, die sich ganz verwirrt anschauten, lautstark zu Wort und rief: „Aber das ist doch unmöglich: Wenn der eine Recht hat, kann doch der andere nicht auch Recht haben.“

„Da hast auch du Recht“, sagte der Meister.

20. Eine Frage der Ehre

Die feindlichen Heere waren in das Land eingefallen, hatten die Hauptstadt eingenommen und die Familie des Herrschers ausgelöscht. Nur der Thronfolger war dem Massaker entkommen, denn er weilte zur Zeit des Überfalles in einer anderen Stadt.

Er wusste nichts Genaues über das Schicksal seiner Familie. Als er draußen einen ungewöhnlichen Lärm vernahm, trat er ans Fenster und sah mit Entsetzen die feindlichen Soldaten mit ihren schwarzen Fahnen in die Stadt einmarschieren. Um sich zu retten, blieb ihm nichts anderes übrig, als sein Haus sofort zu verlassen und zu versuchen, unerkannt zu entkommen. In aller Eile vertauschte er seine Kleidung mit der Kleidung eines Dieners und rannte mit größter Bestürzung in das prächtige Haus eines Mannes, von dem ihm zu spät einfiel, dass er ein Feind seiner Familie war. Ohne sich zu erkennen zu geben, bat er um einen Unterschlupf, der ihm auch ohne Fragen gewährt wurde.

Der Besitzer des Hauses erkannte den Prinzen in seiner Kleidung nicht. Er nahm den Fremden, von dem er keine weiteren Erklärungen für seine Flucht verlangte, freundlich auf und führte ihn zu einer verborgenen Kammer. Dem Prinzen fehlte es an keiner Bequemlichkeit. Jeden Morgen sah er, wie der Hausherr in Begleitung einiger schwerbewaffneter Männer ausritt. Um dem Hausherrn seine Freundlichkeit zu vergelten, sagte er eines Tages zu ihm, so wie er ihm mit den Worten „Mein Haus ist dein Haus" die Gastfreundschaft angeboten habe, so möchte er ihm versichern, „dass deine Feinde auch meine Feinde sind".

Es sei ihm eine Verpflichtung, seine Rache auf sich zu nehmen, wenn er ihm nur sagen wolle, wer der Mann sei, den zu suchen er an jedem Tag ausreite.

„Ich suche den Prinzen", sagte der Hausherr. „Ich habe dem Mörder meines Vaters ewige Rache geschworen. Und da nun seine Familie ausgelöscht wurde, hält mich keine Staatsräson davon ab, meine Rache auch auszuführen. Denn der Prinz war nicht unter den Toten im Palast. Ich werde ihm das Böse, das er mir angetan hat, doppelt vergelten."

Voller Bestürzung konnte der Prinz es nicht fassen, dass das Schicksal ihn geradewegs in die Hände des Mannes geführt hatte, der nichts sehnlicher wünschte als seinen Tod. Nachdem er sich vom ersten Schrecken erholt hatte und den fragenden Ausdruck im Gesicht seines Gastgebers bemerkte, gab er sich ihm zu erkennen.

„Ich bin es, den du suchst. Ich bedauere und es tut mir Leid, dass ich unter unglücklichen Umständen deinen Vater im Kampf getötet habe. Deiner Rache will ich mich nicht entziehen, denn deine großherzige Gastfreundschaft macht mir die Aufrichtigkeit zur Pflicht."

„Davor bewahre mich der Himmel, dass mich mein Hass auf dich blind mache und ich deine Aufrichtigkeit missbrauche. Ich weiß, was mir das Gesetz der Rache befiehlt, wenn ich dich außerhalb meines Hauses antreffe. Aber ich habe dennoch nicht vergessen, was die Pflichten der Gastfreundschaft mir gebieten."

Er wandte sich ab, und der Prinz hat ihn nicht wieder gesehen. Durch seine Leute ließ der Hausherr den Prinzen vor die Tore der Stadt bringen. Sie händigten ihm einen Beutel mit Geld aus und gaben ihm ein tüchtiges Pferd, mit dem er sicher entfliehen konnte, erfüllt mit Dankbarkeit, Bewunderung und Scham.

21. Unterschied

Der Jähzorn des Herrschers war gefürchtet. Niemand in seiner Nähe konnte sicher sein, ob seine rasch entflammbare Wut nicht ihn als nächsten treffen würde.

Einmal erzürnte eine Ungeschicklichkeit des Offiziers seiner Leibwache den Herrscher derart, dass er ihn auf der Stelle zum Tode verurteilte. Während der Offizier abgeführt wurde, beklagte er sein Schicksal und beschuldigte den Herrscher als einen unbeherrschten Tyrannen und einen ungerechten Richter.

Der Herrscher, dessen Wut schon wieder verrauchte, fragte die Umstehenden, was der Offizier gesagt habe. Einer von den Ministern, der Mitleid mit dem Verurteilten hatte und nicht von Neuem den Zorn des Herrschers entfesseln wollte, gab zur Antwort: Der Offizier habe gesagt, Gott liebe diejenigen, die ihren Zorn mäßigen und unbeabsichtigte Fehler verzeihen könnten.

Der Herrscher erkannte, dass wieder einmal sein Jähzorn ihn übermannt hatte und befahl, den Offizier freizugeben, da er ihm die Strafe erlasse.

Einer von den Hofleuten wollte sich in die Gunst des Herrschers bringen und zugleich dem Minister schaden. Darum trat er vor und sagte: „Ein Untertan soll seinen Herrn nicht belügen und ihm die Wahrheit nicht vorenthalten. Der Verurteilte hat den Herrscher beschimpft und beschuldigt!"

Zornig sah der Herrscher den Höfling an und sagte: „Des Ministers großherzige Unwahrheit ist mir lieber als deine boshafte Wahrheit!"

22. Himmel und Hölle

Eine junge Frau, die Männer bei sich empfing und so ihren Lebensunterhalt verdiente, beobachtete einmal zwei Trauerzüge, die an ihrem Fenster vorüberzogen. Sie sagte zu ihrem Liebhaber:

„Ich bin sicher, dass die Seele des ersten Toten im Himmel ist und die Seele des zweiten in der Hölle schmort."

„Woher willst denn ausgerechnet du etwas von solchen Dingen verstehen, die allenfalls ein Heiliger verstehen kann. Und heilig bist du ja nun wirklich nicht", fügte ihr Liebhaber ironisch hinzu.

„Was ich behaupte, ist doch so offensichtlich, dass sogar ein so schlechter Kerl wie du es erkennen kannst", parierte sie seine Stichelei. „Wenn du aufmerksam hinschaust, wirst du bemerken, dass alle Leute, die dem ersten Sarg folgen, traurig den Kopf gesenkt und Tränen in den Augen haben. Diejenigen, die dem anderen Sarg folgen, gehen erhobenen Hauptes, weinen nicht, reden sogar miteinander, als hätten sie den Ernst der Stunde glatt vergessen.

Daraus folgt, dass der erste Tote ein liebenswürdiger Mensch war, dem viele in Zuneigung und Freundschaft zugetan waren, und darum ist er sicher in den Himmel gekommen.

Den anderen hat wohl niemand geliebt, und vermutlich auch keinen Anlass dazu gehabt, denn niemand ist traurig über seinen Tod."

23. Gut gemeint

Einst hatte ein Mann einen Bären aus einer Falle befreit. Aus lauter Dankbarkeit lief nun der Bär ständig hinter seinem Befreier her, als müsse jetzt er ihn beschützen.

Eines Tages wurde der Mann schwer krank. Sein Nachbar kam, um ihm zu helfen. Als er jedoch den Bären in der Ecke sitzen sah, erschrak er sehr und riet dem Kranken, nur ja nicht mit einem tolpatschigen und unberechenbaren Bären alleine im Zimmer zu bleiben.

Doch der Kranke war an den Bären gewöhnt, kümmerte sich deshalb auch nicht um die Mahnung des Nachbarn, sondern schlief gleich wieder ein. Der Bär aber saß am Krankenbett und bewachte seinen Schlaf.

Da kam eine dicke Fliege geflogen und setzte sich dem Kranken aufs Gesicht. Tatzenwedelnd vertrieb der Bär die lästige Fliege einige Male, doch hartnäckig und uneinsichtig wie Fliegen sind, kam sie immer wieder zurück und setzte sich dem Kranken auf die Nase.

Nun griff der Bär im wahrsten Sinne des Wortes zu härteren Maßnahmen, um der lästigen Fliege den Garaus zu machen. Er nahm einen dicken Stein von der Feuerstelle und schleuderte ihn auf die winzige Fliege. Das hatte Erfolg: Der Stein tötete die Fliege – und den Mann.

Was uns beweist, dass unzuverlässige Freundschaft gefährlicher sein kann als Feindschaft.

24. Umgang

Ein erfolgreicher Manager wurde einmal nach dem Geheimnis seines Erfolges gefragt.

„Der Erfolg meines Unternehmens ist vor allem meinem Personalchef zu verdanken: Vor vielen Jahren hatte ich von einem Mann gehört, der angeblich ausgezeichnet in den Gesichtern anderer Menschen lesen konnte. Ich war neugierig und lud den Mann zu mir ein. Doch der offenbarte mir, er verstehe es keineswegs, Gesichtzüge zu deuten, er verstehe es nur, die Menschen nach ihren Freunden einzuschätzen.

‚Sehe ich einen einfachen Mann, der achtungsvolle, brüderliche Freunde hat, dann weiß ich, dass auf den Mann Verlass ist und er sein Leben meistern wird', erklärte der Mann. ‚Sehe ich in einer Firma, dass der Inhaber kluge und ausgeglichene Direktoren hat, die offen über Entscheidungen und auch über seine Fehler diskutieren, dann weiß ich, dass das Unternehmen wachsen wird und der Inhaber seinen Direktoren wie auch die Direktoren ihren Untergebenen Vorbilder sein werden. Ich verstehe es also nur, die Menschen nach ihren Freunden einzuschätzen.‘

Mich hat diese Fähigkeit und die Art wie er sie dargestellt hat, überzeugt, und ich habe ihn gebeten, unser Personalchef zu werden. Ach ja, Freunde sind wir auch geworden.“

25. *Ausstrahlung*

Ein Schüler fragte den Meister: „Bitte sage mir, woran erkenne ich einen guten Menschen?"

„Einen guten Menschen erkennst du nicht an dem, was er sagt", antwortete der Meister. „Er ist auch nicht an dem zu erkennen, was er zu sein scheint. Du kannst ihn aber erkennen an der Atmosphäre, die durch seine Gegenwart erzeugt wird. Denn niemand ist befähigt, eine Atmosphäre zu erschaffen, die seinem Geist nicht entspricht."

26. *Die Leute*

Ein Reisender kehrte kurz vor der Stadt, dem Ziel seiner Reise, in einen Rasthof ein. Dort traf er auf den Meister, der sich mit einer Schale Tee erfrischte.

„Sag mir, wie sind die Leute in dieser Stadt. Kann man ihnen vertrauen?“, fragte der Fremde.

„Sage du mir zuerst, woher du kommst und welche Leute dort leben“, entgegnete der Meister.

Der Fremde winkte verächtlich ab. „Ich komme aus Belar. Die Menschen dort stehlen und betrügen, belügen dich, wo sie nur können, und sind mürrisch und misstrauisch. Ich bin froh, dass ich ihnen nun endlich den Rücken gekehrt habe.“

„Nun, es tut mir Leid, dich enttäuschen zu müssen“, sagte der Meister. „Hier wohnen keine besseren Menschen. Du wirst sie genau so misstrauisch und unfreundlich finden, wie die Menschen bei dir zu Hause."

Einige Zeit später kam ein anderer Reisender zum Tisch des Meisters und sagte: „Ich bin fremd hier und kenne mich nicht aus. Wie sind denn hier die Leute so?"

„Ach, wie sollen sie schon sein? Wie sind denn die Leute dort, wo du herkommst?", fragte der Meister.

„Ich komme aus Belar", antwortete der Fremde. „Da wohnen redliche und freundliche Leute, und ich habe mich dort wohlgefühlt. Aber nun muss ich mir hier eine Arbeit suchen, obwohl ich lieber in Belar geblieben wäre."

Da lächelte der Meister und sagte freundlich: „Ich freue mich, dir versichern zu können, dass du dich hier bald wie zu Hause fühlen wirst. Denn die Leute hier sind genauso wie die Leute in Belar."

27. Mitleid

In einer Stadt lebte ein Mann, der ebenso reich wie geizig war. Er war egoistisch und hartherzig, spendete den Bedürftigen nie etwas und gab keinem einen Pfennig Almosen. Im Gegensatz zu ihm hatte seine Frau ein Herz voller Mitleid, und sie tat heimlich Gutes, so viel sie konnte. Doch gegen die Herzlosigkeit ihres Mannes vermochte sie nichts auszurichten.

Eines Tages im Winter erkrankte ihr Mann schwer. Hohes Fieber schüttelte ihn, und er spürte, dass sein Leben an einem dünnen Faden hing. Aufopfernd saß seine Frau Tag und Nacht bei ihm und pflegte ihn. In einem wachen Moment bemerkte der Kranke, dass Tränen der Sorge über ihre Wangen liefen, und sie erweichten sein hartes Herz.

Er gelobte Besserung. Wenn Gott ihn gesunden ließe, wolle er ein besserer Mensch werden. Nun, da er die Not am eigenen Leibe erfahre, wolle er nicht mehr so gefühllos gegen Bedürftige sein, und er versprach, in Zukunft Mitleid mit allen Menschen zu haben.

Der Geizige wurde gesund, und seine Frau hoffte auf eine Gelegenheit, dass er sein Gelöbnis würde einlösen können.

Eines Nachts peitschte draußen ein schrecklicher Sturm. Der Wind heulte und trieb den Schnee in gewaltigen Böen übers Land. Warm und geschützt lag das Ehepaar in seinem Bett, als es kräftig an die Türe klopfte.

„Lasst mich herein! Gebt mir Obdach! Ich erfriere!“, rief es von draußen.

Als der Mann die Worte vernommen hatte, fing er an zu seufzen: „O Gott, es ist zum Erbarmen!“

„Habt Mitleid mit einem Obdachlosen!“, rief die Stimme, und wieder pochte es heftig an die Tür.

Schwer seufzte der Mann auf, ja er schluchzte beinahe. „Ach, es ist ein Jammer, so ein Elend!", rief er und wälzte sich auf die andere Seite. Und je heftiger es an die Türe klopfte, desto größeres Wehklagen erhob der Mann und desto mehr ging ihm das Elend draußen vor der Tür zu Herzen.

Seine Frau hatte lange genug auf eine wohltätige Reaktion ihres Mannes gewartet. „Was soll dein Jammern? Wenn du schon Mitleid mit dem Obdachlosen hast, dann bitte ihn herein und lass ihn nicht da draußen erfrieren!", herrschte sie ihn an.

„Du verstehst gar nichts!", brüllte er zurück. „Ich habe geschworen, Mitleid zu haben. Aber wenn ich ihn hereinlasse, dann geht es ihm so gut wie mir. Und wie soll ich dann Mitleid haben?"

28. Blumensprache

Diesen Titel gab der lebenskluge und kulturkritische Feuilletonist Victor Auburtin seiner kleinen Erzählung, die er im Jahre 1928 geschrieben hatte:

Welch schönen Balkon Frau Piontek sich angelegt hat!

Offengestanden: Ich hatte ihr so viel Natursinn und Liebe für die Blumen eigentlich gar nicht zugetraut.

Vorn eine ganze Front von Geranien mit Kornblumen abwechselnd; als Dach oder Laube hochgezogen und gewölbt die seltenen Gloxinien; um die Kapuzinerkresse in der Ecke sind die Bienen und Hummeln beschäftigt; weiße Tausendschön an der richtigen Stelle; und die wilden, mädchenhaften Petunien, bei denen man immer an Italien denken muss.

Auch ein rotlackiertes Gießkännchen ist da

mit einem Landschaftsbild drauf, das wildbewegte Meer darstellend, nebst einem Schiff und einem Leuchtturm in der Ferne.

Wie gesagt, ich hatte ihr das alles gar nicht zugetraut. Sie zankt immer ihren Mann vor allen Leuten aus und hat eine sehr laute Stimme.

Aber man sollte die Menschen vielleicht nicht nach kleinen Äußerlichkeiten beurteilen. Wer einen solchen Blumenbalkon hat, der muss irgendwo im Herzen ein stilles Paradiesgärtchen mit herumtragen.

„Frau Piontek", sagte ich, „weiß Gott, Sie haben den schönsten Balkon, den ich je in meinem Leben gesehen habe."

„Nicht wahr?", schrie sie mit funkelnden Augen. „Die ganze Straße platzt vor Neid."

29. Einfache Regel

Zum Meister kam ein junger Mann und fragte, ob er ihn als seinen Schüler annehmen wolle.

Der Meister sah ihn lange an und sagte dann: „Ja, ich nehme dich als meinen Schüler an."

„Bist du sicher, dass du mich willst?", fragte der Schüler zweifelnd. „Denn du solltest wissen, dass ich nicht eben ein Vorbild an Tugend und Gehorsam bin."

„Welchen Lastern frönst du denn?", wollte der Meister wissen.

„Ich trinke gerne Wein und Schnaps."

„Das ist nicht schlimm."

„Und ich spiele Karten und liebe die Würfel."

„Das macht nichts", sagte der Meister.

„Und mir gefallen noch so einige Sachen, die ich gar nicht gerne vor dir ausbreiten möchte", gestand der Schüler.

„Das ist ohne Bedeutung“, erwiderte der Meister.

Der junge Mann glaubte seinen Ohren nicht zu trauen. Hatte er denn nicht von den strengen Regeln gehört, von großer Disziplin, von Unterordnung und täglichen Übungen?

„Aber nachdem ich alle deine Geständnisse als unwesentlich abgetan habe, stelle ich eine einzige Bedingung für deine Aufnahme als Schüler: Du musst dich einverstanden erklären, in meiner Gegenwart niemals etwas von den Dingen zu tun, die du schlecht findest.“

„Das kann ich dir zusagen. Diese Regel zu halten, wird mir nicht schwerfallen“, sagte der Schüler und ging hochbeglückt fort.

Nach Wochen und Monaten wünschte der Schüler den Meister zu sprechen.

„Meister, ich bin gekommen, um dir zu danken“, sagte der Schüler mit tiefer Verneigung.

„Du hast dich sehr verändert, seit wir uns das letzte Mal sahen“, bemerkte der Meister.

„Nun erzähle mir, wie es dir ergangen ist mit deinen Untugenden und mit deinem Versprechen. Hast du dich an unsere Regel halten können?"

„Am Anfang war es nicht so einfach für mich, wie ich es erwartet hatte. Häufig lockte es mich, zum Spielen oder zum Trinken zu gehen. Aber wohin ich auch gehen wollte, immer sah ich dein Gesicht vor mir, und mein Versprechen fiel mir ein. Du hast mich nicht allein gelassen und deshalb konnte ich mein Versprechen halten."

30. Feinfühlig

Auf seinen Stock gestützt, humpelte ein alter, fast blinder Mann zum Meister, um einen Rat von ihm zu erbitten. Da er kaum sehen und nur leise sprechen konnte, trat er sehr nahe an den Meister heran, und – ohne es zu bemerken – setzte er das spitze Ende seines Krückstocks auf des Meisters bloßen Fuß.

Der Schmerz trieb dem Meister das Wasser in die Augen, doch er unterdrückte jede heftige Bewegung und jeden Laut. Je länger der Alte sprach, sich hin und her bewegte, desto tiefer bohrte sich der Stock in des Meisters Fuß. Blut quoll heraus, der Meister wurde immer blasser, ließ sich jedoch dem Alten gegenüber seine Qual nicht anmerken.

Er sprach langsam und freundlich mit dem alten Mann, fragte mehrmals nach, ob der auch alles richtig verstanden habe, legte ihm zum Abschied beruhigend die Hand auf die Schulter, und als der Alte sich unter vielen Verneigungen endlich verabschiedet hatte, kippte der Meister um.

Als er wieder zu sich gekommen war, fand er seinen Fuß säuberlich bandagiert und sich von neugierigen Schülern umgeben. Sie wollten natürlich wissen, warum er den senilen Alten nicht an seinem Verhalten gehindert hatte.

„Ich wollte seine großen Sorgen nicht um den Kummer der Unachtsamkeit vermehren“, antwortete der Meister.

31. Der Brückenbauer

Ein Wanderer mit grauem Haar war schon lange unterwegs, als gegen Abend das Wetter immer schlechter wurde. Dunkle Wolken zogen auf, und bald begann es zu regnen. Die Sicht wurde immer schlechter, doch er konnte nirgendwo verweilen, denn bis zum nächsten Rasthaus war es noch ein langes Stück zu gehen. Zu allem Unglück sperrte ein reißender Gebirgsbach seinen Weg, denn die wilden Wasser hatten die Stützbalken des Stegs über die Kluft fortgerissen.

Der Wanderer besann sich nicht lange: Die lange Nacht bei strömendem Regen konnte ebenso seinen Tod bedeuten wie ein Sturz in die Tiefe. Er nahm Anlauf und sprang beherzt über den Felsspalt.

Auf der gegenüberliegenden Seite, wo noch sichere Pfosten des früheren Stegs standen, begann er, eine neue Brücke zu bauen. Da kam ein anderer Wanderer auf ihn zu und fragte: „Was schuftest du denn hier bei Nacht und Regen anstatt Schutz im Rasthaus zu suchen? Du bist schon fast am Ziel, hast den Bach überwunden und kommst sicher nie wieder hier vorbei. Dann kann‘s dir doch egal sein, ob hier ein Steg ist oder nicht.“

Da hob der Alte den grauen Kopf und erwiderte: „Für mich bildete der Fluss vielleicht kein großes Hindernis, aber nach mir werden Leute kommen, die jünger sind als ich und darum mehr zu verlieren haben. Für die baue ich die Brücke.“

32. Vereint

Vier Reisende aus vier verschiedenen Nationen hatten sich zufällig auf dem Marktplatz getroffen. Sie beschlossen, das wenige Geld, das sie ausgeben konnten, zusammenzulegen und gemeinsam etwas zu kaufen, was sie einzeln nicht hätten erstehen können.

„Ich will uva!“, rief der Italiener.

„Besser wir kaufen druiventros!“, empfahl der Holländer.

„Nein, lasst uns raisins kaufen!“, verlangte der Franzose.

„Grapes zu kaufen scheint mir das einzig Vernünftige zu sein!“, sagte der Engländer.

Und da sie die Bedeutung der fremden Begriffe nicht kannten, gerieten sie miteinander in Streit.

Einer der Umstehenden hatte den Wortwechsel mit angehört und bot an, zwischen ihnen zu vermitteln. „Ich werde alle eure Wünsche mit dem bisschen Geld, das ihr habt, erfüllen. Wenn ihr mir vertraut, wird jeder bekommen, wonach er verlangt, und keiner wird zu kurz kommen. Ich werde aus vier Wünschen einen machen, und vier streitende Menschen werden sein wie ein glücklicher Mensch!"

Verwundert über diese Einmischung, vorgetragen in einem mit fremden Vokabeln durchsetzten Wortschwall, den sie irgendwie verstanden hatten, gaben sie ihm nicht ohne Skepsis ihr Geld, hoffend auf das Wunder, das ihnen versprochen worden war.

Der Einheimische ging mit ihrem Geld zum Händler und brachte ihnen in Fülle, wonach sie verlangt hatten: Weintrauben.

33. Freundlichkeit

Der Meister wurde von einem Schüler gefragt, wie er es schaffe, immer so freundlich im Umgang mit anderen zu sein. „Wer hat es dich gelehrt, und was muss ich beachten, wenn ich dir nacheifern will?", fragte der Schüler.

„Nicht ein Lehrer hat mich unterrichtet, sondern viele Lehrer haben mir die Freundlichkeit beigebracht, und ich lerne immer noch. Denn meine Lehrer waren die Unhöflichen. Ich habe mir stets gemerkt, was mir am Benehmen anderer Menschen mir gegenüber missfallen hat – und dann habe ich mich bemüht, dieses Verhalten meinen Mitmenschen gegenüber zu vermeiden. So einfach ist das und doch so hilfreich."

34. Natürlich

Am Ganges saß ein Yogi in Meditation versunken. Als er wieder die Augen öffnete, bemerkte er einen Skorpion, der ins Wasser gefallen war und verzweifelt strampelnd um sein Leben kämpfte.

Voller Mitleid mit der todgeweihten Kreatur tauchte der Yogi seine Hand ins Wasser und hob den Skorpion aufs Trockene. Der aber stach seinen Retter, und das schmerzte auch einen Yogi sehr.

Als nach einer längeren Meditation der Yogi wiederum die Augen erhob, sah er den Skorpion zum zweiten Mal um sein Leben kämpfen, da er zu ertrinken drohte. Trotz des schlechten Dankes rettete der Yogi das Tier auch dieses Mal aus seiner Lebensgefahr, und wieder stach der Skorpion so arg, dass der Yogi heftig aufschreiend seine Gelassenheit vergaß.

Als aber der Skorpion zum dritten Male zu ertrinken drohte, und der Yogi ihn wiederum rettete, konnte ein Bauer, der durch den Aufschrei des Yogi neugierig geworden war, seine Verwunderung über dieses seltsame Verhalten nicht länger zurückhalten: „Heiliger, warum hilfst du dem elenden, undankbaren Geschöpf immer wieder, wenn du zum Dank dafür nur Schmerzen erhältst?“

„Nun, wir folgen doch beide nur unserer Natur“, antwortete der Yogi dem erstaunten Mann. „In der Natur des Skorpions liegt es zu stechen, und in meiner Natur liegt es, barmherzig zu sein.“

35. Willkommen

Ein Reisender erzählte, dass er eines Tages in der Wüste zu einem Beduinenlager gekommen war. Die Männer waren alle fortgeritten, und nur die Frauen und Mädchen waren in den Zelten.

„Als sie mich von Weitem nahen sahen, eilten sie mir entgegen, nahmen die Zügel meines Kamels und halfen mir aus dem Sattel. Sie nahmen dem Tier Sattel und Zaumzeug ab, gaben ihm zu fressen und pflegten es.

Auch ich wurde drei Tage lang in aller Freundlichkeit bewirtet. Ich fühlte mich wohl und ausgeruht, als ich am vierten Tag weiterreisen wollte. Doch niemand fand sich, der mir das Kamel zuführte oder mir beim Satteln half.

Ich äußerte mich verwundert über ihre Unaufmerksamkeit, und eines der Mädchen antwortete mir: ‚Es ist uns eine Ehre, den Gast, der zu uns kommt, freundlich aufzunehmen. Doch ist es für uns eine Schande, ihm die Abreise zu erleichtern.'"

36. Meisterwerke

Der Leiter des Altenheimes war lange Zeit skeptisch, ob es wirklich eine gute Idee gewesen war, die beiden Künstler in ein Zimmer zu legen. Noch hegte er die Hoffnung, dass die Interessen der beiden Männer sich ergänzen und so ihre letzten Jahre angenehmer würden.

Beide waren sie Maler, jedoch von sehr unterschiedlichem Temperament. Während der eine Maler mit zahlreichen Ausstellungen weit über die Landesgrenzen bekannt geworden war, hatte der andere sich als Kunstpädagoge sein Brot verdient. Seine Malerei war kaum über die Räume seiner Wohnung hinaus gekommen, und er selbst tat sich schwer, auf Menschen zuzugehen. Er war eher der introvertierte, der nachdenkliche Typ, der sich nicht leicht dem anderen öffnete.

Als sich ein jeder von ihnen an die Eigenheiten des anderen gewöhnt hatte, fielen ihnen auch die Gespräche leichter. Stundenlang redeten sie über die Kunst und natürlich über das Leben. Sie spielten Schach, lasen oder hingen schweigend ihren Gedanken nach.

Einmal in der Woche kam die Tochter des Lehrers zu Besuch. Manchmal brachte sie die beiden Enkel mit und dann ging es eine Zeit lang richtig munter zu in dem Altherrenzimmer. Sie brachten Blumen und kleine Geschenke, und der Schwiegersohn stellte ab und zu eine Flasche Rotwein auf den Tisch.

An einem späten Abend saßen die beiden alten Männer alleine in ihrem Zimmer und tranken schweigend den guten Wein.

„Es war immer mein Traum, eines Tages ein großartiges Bild zu malen“, sagte der Lehrer plötzlich in die Stille. „Ich habe mit diesem Bild gelebt, ich konnte es sehen, in allen Einzelheiten, die Leuchtkraft und Struktur des

Farbauftrags, die Wirkung des Lichtes – ein Meisterwerk. Aber es war mir nicht vergönnt, es zu malen. Ich schaffte es nicht. Ich habe es geträumt, aber ich habe es nicht geschaffen. Ich habe versagt!"

„Was bist du bloß für ein Idiot!", schimpfte sein Gefährte. „Hast du denn nicht verstanden, dass jeder Mensch nur ein einziges, wahres Meisterwerk schaffen kann? Das ist sein Leben! Alles, was er tut, was er gibt, was er denkt, wie er Erhaltenes verwendet, wie er seine Zeit gestaltet und ihr Farbe gibt, das ist sein Meisterwerk! Und du trauerst einem ungemalten Bilde nach. Dabei hast du wahrscheinlich mehr Menschen die Liebe zur Kunst vermittelt, als dein ach so geniales Meisterwerk es jemals vermocht hätte! Was habe ich denn geschaffen? Kommen etwa meine Bilder zu mir? Bringen sie mir Zuneigung und Lachen, schenken sie mir guten Wein? Nein, jetzt hängen sie in dunklen Museen – genau wie ich."

Einige Minuten herrschte betroffenes Schweigen. Dann erhob sich der Lehrer aus seinem Sessel, ging zu seinem Gefährten und umarmte mit hilfloser Geste seinen Freund.

37. Gutes sagen

Einmal saß der Meister auf seinem Rückweg von einer langen Reise im Zug und unterhielt sich mit einem Mitreisenden. Wohin und zu welchem Zweck er unterwegs sei, fragte er den Mann.

„Ich bin seit drei Tagen auf der Reise, um den Meister zu besuchen. Er ist ein großer Weiser und ein Heiliger."

Der Meister ließ sich nichts anmerken. Mit ernstem Gesicht fragte er: „Warum nennst du ihn einen Weisen und Heiligen? Er ist doch nichts Besonderes, sondern auch nur ein einfacher Mann wie du und ich."

„Was unterstehst du dich, den Meister zu beleidigen?", ereiferte sich der Mitreisende, und mit der Geste der Abwehr und des Abscheus schlug er dem Meister leicht auf die Brust.

Wie schämte sich der Mann, als er zwei Tage

später vor dem Meister stand und seinen Mitreisenden erkannte. Zerknirscht bat der den Meister um Vergebung für seine rohe Art und Dreistigkeit.

„Es gibt nichts zu verzeihen", sagte lächelnd der Meister. „Schließlich hast du nur meine Ehre verteidigt. Aber der Vorfall birgt auch eine Lehre: Sprich nicht schlecht über irgendeinen Menschen, schon gar nicht über dich selbst!"

38. Unwahrheit

Zwei Frauen hatten sich zu einem Plauderstündchen im Café verabredet. Sie ließen sich den Kaffee und den Kuchen schmecken. Auch ein voller Mund konnte die eine der Frauen nicht daran hindern, schon seit einer Stunde ununterbrochen zu reden, als sie plötzlich sagte: „Und jetzt muss ich dir unbedingt erzählen, was ich mir kürzlich aus dem Munde von Ingrid Meier anhören musste ..."

„Das ist gelogen!", sagte die andere Frau zu ihrer Bekannten, die ob des Vorwurfs irritiert ihren Redefluss unterbrach.

„Wie kannst du behaupten, das sei die Unwahrheit", schnappte sie pikiert, „bevor du überhaupt gehört hast, was ich erzählen will?"

„Ich kann mir nicht denken", bekam sie zur Antwort, „wie du etwas gehört haben willst, wo du doch niemanden reden lässt!"

39. Anwesend

Die guten Zeiten des Klosters schienen vorüber zu sein. Es konnte seine zahlreichen Mönche nicht mehr ernähren.

Seit langer Zeit war kein charismatischer spiritueller Führer aus ihrer Mitte gekommen, und der Niedergang schien nicht mehr aufzuhalten zu sein. Viele Mönche hatten das Kloster bereits verlassen und sich neue Orte der Lehre und Meditation gesucht. Konflikte und Zweifel bestimmten den Alltag der wenigen, die noch ausharrten und auf eine bessere Zukunft hofften.

Auf einer Reise kam der Meister eines Abends zufällig zu diesem Kloster und bat um Herberge für eine Nacht. Er wurde durchaus freundlich aufgenommen. Er aß mit den Mönchen ein kärgliches Abendbrot und verrichtete mit ihnen seine Gebete.

Nach dem Morgengebet wollte der Meister aufbrechen und seine Reise fortsetzen. Doch der Abt des Klosters trat zu ihm und bat ihn um ein Gespräch. Wegen der erwiesenen Gastfreundschaft willigte der Meister gerne ein, und er folgte dem Abt in sein spärliches Refugium.

„Ohne Zweifel hast du gleich erkannt, in welch schwieriger Lage sich das Kloster befindet", sagte der Abt. „Wenn sich hier nicht etwas grundlegend ändert, werden wir das Kloster aufgeben müssen. Dann wird in diesen traditionsreichen Mauern kein Leben mehr sein. Ich suche mit aller meiner Kraft nach einem Ausweg, um das Kloster zu retten. Aber ich glaube, ohne ein Wunder ist es nicht zu schaffen. Jeder Rat ist mir willkommen, und ich bitte dich, mir zu sagen, was ich deiner Meinung nach tun soll."

„Ich bin nur ein einfacher Mann", sagte der Meister. „Ich weiß nicht, was ich euch raten soll. Aber vielleicht hilft eine Beobachtung euch weiter."

„Hast du denn etwas besonderes bemerkt?"

„Ja, durchaus!", sagte der Meister. „Ich bin sicher, dass Gott in einem von euch wohnt."

„In einem von uns? Ausgerechnet in einem von uns?", rief der Abt in höchstem Erstaunen. „Wer ist es?"

„Das kann ich nicht sagen. Aber prüfe mit den anderen Mönchen, ob meine Beobachtung stimmt. Dann wird es bald offensichtlich sein."

Der Abt dankte ihm herzlich für seine Worte, und der Meister setzte seine Reise fort.

Im Kloster war die Aufregung groß, nachdem der Abt die Beobachtung des Gastes mitgeteilt hatte.

„Gott – in einem von uns?", riefen die Mönche. „In wem?" Und jeder überlegte, wen seiner Mitbrüder Gott ausgewählt haben könnte. Diesen? Jenen? Ist er es? Oder er? Unser Jüngster vielleicht? Manchmal scheint mir bei ihm … Oder doch unser Ältester. Er hat ja etwas in seinem Wesen … Unser Abt? Himmel – ich selbst?

Unmerklich zunächst begann sich das Klima im Kloster zu wandeln, denn jeder begann, Gott im anderen zu sehen und Gottes Worte in den Worten der anderen zu hören.

Ein neuer Geist belebte das Kloster. Bald kamen auch wieder Fremde zu ihnen, um an diesem besonderen spirituellen Ort Weisheit und Erkenntnis zu erlangen.

40. Mit-Teilen

Nach vieljährigem Studium erhielt ein Mönch, der zur Erleuchtung gelangt war, sein geheimes Mantra. Sein Meister ermahnte ihn nachdrücklich, es unter keinen Umständen irgendjemanden mitzuteilen. Beeindruckt von der Macht des Mantra, das ihm das Geheimnis über Leben und Tod offenbarte, fragte der Absolvent, warum er dieses Wissen nicht weitergeben dürfe, wenn es doch so hilfreich sei.

Die Frage machte den Meister sichtlich betroffen und mit aller Strenge sagte er: „Das Mantra ist nur denen bestimmt, die zur Erleuchtung gelangten. Wenn du es an andere weitergibst, wird seine Kraft auf die anderen übertragen. Du aber wirst in Dunkelheit darben, sogar dann, wenn um dich her Licht und Erleuchtung ist. Kummer und Leid werden deine Seele und deinen Leib bedrängen, solange du lebst. Du wirst verwirrt sein und die Wahrheit nicht erkennen, selbst wenn du sie vor Augen hast. Und das Allerschlimmste ist, du wirst deine Erleuchtung einbüßen und deine Seele verlieren. Du wirst verdammt sein für immer."

Großer Schrecken ergriff sein Herz. Schweigend verließ er das Kloster. Stetig nagte der Zweifel in ihm, nur die Angst hielt sein Denken und Fühlen im Zaum. Tage- und nächtelang rang er mit sich. Dann wusste er, was er tun wollte.

Er ging in die nächste größere Stadt. Er mischte sich unter die Leute, und in der Menge erhob er seine Stimme. Er fesselte die Menschen mit seinen Geschichten und mit seinem Wissen. Sie lauschten seinen Worten und nahmen sie sich zu Herzen. Und dann sprach er sein geheimes Mantra zu ihnen. Zeile für Zeile ließ er die Menschen wiederholen und lernen, so wie er selber es gelernt hatte. Und die Menschen flüsterten die ehemals geheimen Worte.

Auch einige seiner ehemaligen Mitschüler waren dort zugegen. Sie waren geschockt vom Verrat des größten Geheimnisses. Sie sandten sofort eine Abordnung zum Kloster, um die Bestätigung zu erhalten, dass sie den Verräter gefangen nehmen und in eine Klosterzelle sperren sollten.

„Nein, wir werden nichts dergleichen tun", sagte der Meister zu ihrem großen Erstaunen. „So oder so wird er schrecklich bestraft werden. Er wusste genau, welches Schicksal er ertragen muss, als er sich entschloss, das geheime Wissen an die Nichterleuchteten weiterzugeben. Er wird in die Dunkelheit und Verzweiflung fallen und dem Leid der Menschen nicht entgehen. Er wird einsam und allein leben müssen und ohne Trost sterben. Welche Bestrafung könnte schlimmer sein? Er wusste genau, was er auf sich nahm."

Nach diesen Worten erhob sich der Meister, suchte seine wenigen Habseligkeiten zusammen und machte sich auf den Weg, das Kloster zu verlassen.

„Wo willst du hin, Meister?“, riefen die Schüler.

Der Meister sah sie traurig an und sagte mit gebrochener Stimme: „Ich verlasse diesen Ort des Wissens und der Lehre, weil ich nicht länger würdig bin, euch zu unterrichten. Ich gehe zu dem Mann, der das Mantra des Lebens und des Sterbens den Unwürdigen und Nichterleuchteten weitergegeben hat. Von allen meinen Schülern ist er der einzige, der den Unterschied zwischen Wissen und Weisheit erkannt hat. Er allein handelt aus Weisheit und Mitgefühl. Er ist mein Meister. Ihm werde ich folgen.“

41. Anlass

In Afrika ging ein Mann mit seinem Schwager, der blind war, auf die Jagd. Er wunderte sich, dass der Blinde gelernt hatte, sich an den Gerüchen und Geräuschen der Umgebung und mit Hilfe seines Tastsinns zu orientieren. Der Blinde wusste genau, ob sie sich in der Nähe des Wassers befanden, ob ein Tier in der Nähe war und welche Vögel in den Bäumen saßen.

Sie stellten ihre Fallen auf. Der Mann versteckte seine Falle unter einem Busch, die seines Schwagers ließ er stehen. „Ist doch egal", dachte er, „er kann es ja nicht sehen."

Am nächsten Tag schauten sie nach ihren Fallen. In seiner versteckten Falle fand der Mann nur ein graues Vögelchen, das ihm nichts wert war. In der Falle seines blinden Schwagers hatte sich jedoch ein schöner, bunt schillernder Vogel mit langen Schwanzfedern verfangen. Leise öffnete er die Fallen und vertauschte die Vögel. Auf dem Rückweg zum Dorf sprachen sie über den heftigen Streit, der seit einiger Zeit zwischen zwei Nachbarn ausgetragen wurde. „Warum streiten die Menschen eigentlich?“, fragte der Mann seinen Schwager.

„Weil manche das tun, was du eben mir angetan hast“, sagte ruhig der Blinde. Diese Worte trafen den Mann tief, und er schämte sich sehr. Er nahm die Jagdtaschen, steckte den kleinen Vogel in den eigenen Beutel und gab dem Blinden den bunten Vogel zurück.

„Aber wie überwinden sie den Streit und werden wieder Freunde?“, fragte der Mann mit leiser Stimme. Der Blinde lächelte und sagte: „Sie tun das, was du gerade getan hast.“

42. *Hinweghelfen*

Draußen, weit im Landesinneren, lebten zwei Bauern auf ihren einsam gelegenen Höfen. Die Zwei waren gute Freunde. Sie waren beide auf dem Besitz ihrer Väter aufgewachsen, hatten mit ihren Familien dort gelebt, zusammen gefeiert und sich gegenseitig unterstützt. Nun, da die Kinder erwachsen und aus dem Haus und auch ihre Frauen gestorben waren, lebten die beiden Witwer allein in angenehmer Nachbarschaft. Allerdings waren sie ohne ihre Frauen in manchen Dingen auch gleichgültig und etwas kauzig geworden.

Ein dummes, verirrtes Kalb brachte die Sache ins Rollen. Eines Morgens stapfte das Kalb mutterseelenallein durch den Garten von Bauer Franz und fraß Salat.

Schimpfend führte Franz das herrenlose Kalb aus seinem Garten; doch da hatte auch sein Nachbar, Bauer Karl, das Kalb entdeckt und behauptete, das Kalb gehöre zu seiner Herde. „Ich entschuldige mich ja auch, dass es deinen Salat gefressen hat", beschwichtigte er seinen Freund, „aber an der Kerbe im Ohr erkenne ich genau, dass mir das Kalb gehört."

„Sag', was du willst, Karl. Wegen der Blesse auf der Stirn weiß ich hundertprozentig, dass es mein Kalb ist."

So stritten sie hin und her. Doch als Karl sich so in Rage geredet hatte, dass er die Hand gegen seinen Freund erhob, da gab Franz nach und überließ ihm das Kalb.

Doch von nun an gingen sie sich aus dem Weg. Sie sprachen kein Wort mehr miteinander. Je länger das Schweigen dauerte, desto tiefer wurde der Graben zwischen ihnen. Und es wurde noch schlimmer. – Etwa einen Monat nach dem Streit fuhr ein kleiner Lieferwagen auf den Hof von Bauer Franz. Ein junger Mann stieg aus und stellte sich dem Bauern als ein reisender Zimmermann vor, auf der Suche nach einer Arbeit. „Ich bin Zimmermann-Geselle“, sagte er. „Aber ich kann auch schreinern und tischlern. Mein Werkzeug habe ich im Wagen. Wenn Sie etwas für mich zu tun haben, würde ich das gerne für Sie erledigen.“

Franz dachte einen Augenblick nach. „Kommen Sie mal mit“, sagte er und führte den Zimmermann ein Stück vom Haus weg.

„Sehen Sie das hier?“, sagte er grimmig. „Mein Nachbar hat vor zwei Wochen einen Bach entlang unserer Grundstücksgrenze umgeleitet. Er hat mit seinem Traktor einen tiefen Graben gezogen und den Bach von oberhalb hier einfließen lassen. Da kommt jetzt keiner mehr rüber. Ich habe in der Scheune genügend Pfosten und Bretter. Bauen Sie mir entlang des Grabens einen hohen Zaun, damit ich den Bach nicht mehr sehen muss. Und den Mistkerl von drüben auch nicht!

Ich fahre in die Stadt, um ein paar Einkäufe

zu erledigen. Ich kann das hier ohnehin nicht ertragen. Bis Sie fertig sind, bin ich wieder zurück und bezahle Ihre Arbeit."

„Kein Problem für mich", sagte der Zimmermann. „Ich werde gute Arbeit leisten. Und wenn Sie wiederkommen, werden Sie zufrieden sein."

Als sie alles vereinbart hatten, fuhr Franz davon.

Der Zimmermann maß und sägte, grub und hämmerte, dass es eine Lust war zu sehen, wie gut ihm die Arbeit von der Hand ging. Er arbeitete zügig, ohne eine Pause einzulegen, trank nur hin und wieder einen Schluck Wasser, und es war ihm anzumerken, dass ihm gefiel, was er da durch seine Arbeit wachsen sah.

Die Dämmerung setzte schon ein, als er sein Werkzeug weglegen konnte. Er sammelte gerade die groben Holzspäne ein, die bei seiner Arbeit abgefallen waren, da kam Bauer Franz mit seinen Einkäufen aus der Stadt zurück.

„Wie weit sind Sie?“, rief er dem Zimmermann zu.

„Kommen Sie her und sehen sich’s an!“, rief der zurück.

Obwohl er den Zaun selbst beauftragt hatte, fühlte Franz sich bedrückt bei dem Gedanken an die immer massiveren und unüberwindlicheren Hindernisse zwischen ehemals guten Nachbarn und Freunden.

„Aber wenn er es nun mal so will“, knurrte er und ging los, um den neuen Grenzzaun in Augenschein zu nehmen.

Doch als er sah, was der Zimmermann gebaut hatte, war er sprachlos. Da stand alles andere als ein düsterer, hoher Zaun! Eine anmutige Holzbrücke, wie sie handwerklich nicht schöner hätte sein können, wölbte sich über den Bach.

Und auf der anderen Seite stand Bauer Karl mit ausgestreckten Armen.

„Verdammt, Franz, das hätte ich nicht von

dir gedacht, dass du so großherzig bist. Und ich war zu feige zuzugeben, dass das Kalb nicht mir gehört, wie ich später feststellte."

„Die Brücke war gar nicht meine Idee. Die hat der junge Mann ganz gegen meine Anordnung gebaut. Aber jetzt bin ich froh, dich zu sehen." Und mitten auf der Brücke fielen sich die zwei Sturköpfe in die Arme. „Das müssen wir feiern!"

Karl wollte sich unbedingt an den Kosten beteiligen. Während sie den Zimmermann bezahlten, schlug Franz ihm vor, noch zu bleiben. Auf den Höfen gäbe es Arbeiten für den ganzen Sommer. Doch der Zimmermann lehnte lachend ab.

„Ich kann leider nicht bleiben", sagte er, „ich muss noch viele Brücken bauen."

43. Aussicht

Es waren einmal zwei Männer, die lagen in einem engen, kleinen Krankenzimmer in ihren Betten. Nur einer der beiden Kranken war in der Lage, so weit den Kopf zu heben, dass er durch das einzige schmale Fenster hinaussehen konnte. Der andere musste auf dem Rücken liegen und konnte nur die Seitenwände oder die Zimmerdecke anstarren.

Nachmittags zeichnete manchmal ein Sonnenstrahl einen dünnen Flecken an die Wand. Dann musste der näher am Fenster Liegende sich ein wenig aufrichten und seinem Bettnachbarn erzählen, was es draußen in der Welt zu sehen gab.

Und er erzählte von dem Park, den er sehen könne, von dem Licht in den Bäumen, von Vögeln und von dem großen Teich, auf dem

Schwäne und Enten schwämmen. Er erzählte von Spaziergängern, von ihren Hunden und von den Wolken am Himmel.

Er bemerkte, dass seine Schilderungen dem anderen Kranken gut taten. Dessen Unruhe legte sich und seine oft harsche Stimme wurde weicher und freundlicher, wenn er den Erzähler um genauere Beobachtung und mehr Einzelheiten bat.

So schilderte er die hübschen jungen Frauen in ihren Sommerkleidern und die Leute, die auf der Wiese lagen, sich sonnten, lasen oder herumalberten. Und einmal erzählte er, dass ein kleines Mädchen beim Entenfüttern fast ins Wasser gefallen wäre.

Der Zimmergenosse konnte sich alle die geschilderten Szenen gut vorstellen, so als wenn er sie selber beobachten würde. Da kam ihm mit einem Mal der Gedanke, dass es ungerecht sei, dass der Mann am Fenster eine so herrliche Aussicht hatte und ihm selbst jeder Blick nach draußen verwehrt wurde. Wie ein Wurm fraß sich der Gedanke immer tiefer in sein Herz, das bald von Neid vergiftet war. Kaum gelang es ihm, so zu tun, als wenn er sich über die Erzählung am Nachmittag freute. Doch gleichzeitig konnte er nicht mehr darauf verzichten, denn sie stachelte seinen Neid von Neuem an.

Sogar nachts ließ ihn der Stachel der Missgunst nicht einschlafen. Er lag wach im Bett und dachte darüber nach, wie schön es wäre, endlich selber aus dem Fenster sehen zu können und seinen Aufenthalt in diesem unfreundlichen Krankenzimmer etwas erträglicher zu machen.

Lautes Husten unterbrach sein Grübeln. Der Kranke beim Fenster hatte einen Anfall. Er hustete gequält und röchelte. Er bewegte sich heftig, er konnte wohl den Klingelknopf nicht finden, um die Nachtschwester zu rufen. Der Neider rührte sich nicht. Er klingelte nicht um

Hilfe. Er tat, als wenn er schliefe und von der Not des Nachbarn nichts bemerkte.

Am Morgen fand die Schwester den Mann in seinem Bett beim Fenster tot daliegen. Der Arzt kam, und dann wurde das Bett mit dem Toten schweigend aus dem Zimmer gefahren.

Nun lag der andere allein in dem Krankenzimmer. Er konnte seine Ungeduld kaum zügeln. Am Nachmittag fragte er die Schwester, ob sie sein Bett nicht zum Fenster fahren könne. Sie tat es gerne.

Er hatte sein Ziel erreicht. Mühsam richtete er sich auf, um endlich die schöne Aussicht selbst erleben zu können – und blickte auf die graue Wand des Hauses von nebenan.

44. Streitfrage

Zum Meister kamen die Oberhäupter zweier Familien, die miteinander im Streit lagen über ein Stück Land. „Dieses Land gehört meiner Familie seit vielen Generationen", sagte der Sprecher der einen Partei. „Das kann ich mit meinen Karten und genauen Dokumenten zweifelsfrei beweisen."

„Davon weiß ich nichts", sagte der Sprecher der anderen Partei. „Das Land lag viele Jahre brach. Niemand kümmerte sich darum. Dann fingen wir an, es zu bewirtschaften. Jetzt, da das Land durch unsere Arbeit Früchte trägt, kommen diese Herrschaften und wollen uns verjagen. Wir haben zwar die Papiere nicht, aber die Schwielen an unseren Händen und die Last der Mühen auf unserem Rücken."

Nachdem sie so geredet hatten, drängten sie den Meister, zu ihren Gunsten zu entscheiden.

Der Meister ließ sich nicht beirren. Er bat die Streitenden, ihn zu dem Grundstück zu führen, das die Ursache ihres Zwistes war. Dort angelangt, ging der Meister einige Schritte auf das Land hinaus, kniete sich nieder, beugte sich vor, legte sein Ohr an den Boden und lauschte. Nach einer Weile erhob er sich und ging zu den gespannt wartenden Männern.

„Ich weiß zwar nicht, was du da gemacht hast“, rief der eine, „aber nun sage schon, dass das Land mir gehört.“

„Nein, nein, sage, dass es mir gehört!“, rief der andere.

„Da ihr euch nicht einigen könnt“, sprach endlich der Meister, „habe ich das Land selbst gefragt. Und das Land sagt, dass du das Land nicht besitzt. Und es sagt, dass du es auch nicht besitzt. Das Land sagt: Es besitzt euch!“

45. Bescheiden

Im alten Rom wurde aufgeschrieben, dass der Kaiser Augustus sehr gesellig war. Eine Einladung sagte er nur selten ab.

Eines Abends wurde er im Hause eines Gastgebers zwar herzlich empfangen, aber auf jedes Brimborium war verzichtet worden. Das Essen war einfach und gut. Der Landwein passte bestens dazu. Die Gespräche waren angenehm.

Als sich Kaiser Augustus nach einigen Stunden verabschiedete, nahm er die Hand des Gastgebers und sagte: „Ich wusste gar nicht, dass wir so befreundet sind."

46. Aufnahmebereitschaft

Ein Einheimischer und ein Einwanderer aus einem fernen Land gerieten in ein heftiges Wortgefecht über richtiges Verhalten. Das Café, in dem sie saßen, wollte schließen, und darum sagte der Fremde: „Komme mit zu mir, dann können wir unsere Diskussion fortsetzen."

Dem Einheimischen fiel es nicht ganz leicht, seine unausgesprochenen Bedenken gegen diese Einladung zurückzustellen, doch er ging mit.

Der Fremde servierte Tee und goss das Glas seines Gastes voll. Doch er hörte nicht auf zu gießen.

Der Einheimische wunderte sich und rief: „Hör' doch auf zu gießen. Es läuft alles über, mehr geht nicht rein!"

„Du bist wie dieses Glas Tee", sagte der Einwanderer. „Du bist bis zum Rand gefüllt mit Selbstgerechtigkeit und Vorurteilen. Was soll ich dir von anderen Kulturen und Wertvorstellungen erzählen, bevor du dein Glas nicht geleert hast?"

47. Ansichtssache

Zwei Nachbarjungen wuchsen zusammen auf und blieben während all der Jahre unzertrennliche Freunde. Als sie eigene Familien gründeten, richteten sie es so ein, dass ihre Häuser nebeneinander standen. Nur ein schmaler Pfad führte zwischen ihnen hindurch.

Eines Tages beschloss ein neidischer Mann, ihre Freundschaft auf die Probe zu stellen. Er zog sich einen Mantel an, dessen rechte Hälfte gänzlich blau war und dessen linke Hälfte von oben bis unten rot war. So gekleidet ging der Neider den Pfad entlang, der auch die Felder der Freunde trennte. Jeder der Freunde arbeitete auf seinem Feld, und der Neider sang laut genug ein freches Lied, so dass jeder der beiden von seiner Seite aus aufschaute und ihn bemerkte.

Als die Freunde am Abend vor ihren Häusern saßen und nach getaner Arbeit ein Bier tranken, sagte einer von ihnen: „Hat der Mann in dem roten Mantel nicht toll gesungen?"

„Der Mantel war doch blau!", entgegnete sein Freund.

„Ich habe ihn ganz genau gesehen, als er zwischen unseren Felder hindurchging", widersprach der Erste, „der Mantel war eindeutig rot."

„Ich werde ja wohl noch wissen, was ich gesehen habe. Und ich sage dir: Der Mantel war blau!"

„Nein, du irrst dich! Der Mantel war rot", behauptete der Erste.

„Du musst plötzlich farbenblind geworden sein", regte sich der Zweite auf, „und darum sage ich nochmals: Der Mantel war blau!"

„Du hältst mich wohl für bescheuert? Der Mantel war rot."

„Blau!"

„Rot!“

„Blau!“

„Rot!“

Und da Worte nicht ausreichten, um Recht zu bekommen, begannen sie, aufeinander einzuschlagen, und prügelten sich, bis sie am Boden lagen.

Da kam der Neider hinzu, der die Entwicklung heimlich beobachtet und sie reichlich und mit großer Genugtuung ausgekostet hatte, und er trennte die beiden Widersacher.

„Eure angeblich ewige Freundschaft ist nun beendet!“, rief er voller Schadenfreude.

„Seht her, ihr rechthaberischen Dummköpfe! Seht euch meinen prächtigen Mantel an: linke Seite rot, rechte Seite blau.“

„Du hast uns provoziert!“, riefen die Freunde. „Du hast Zwietracht gestiftet zwischen uns, um uns auseinander zu bringen und unsere Freundschaft zu vernichten!“

„Beschuldigt nicht mich“, wehrte der Neider

ab. „Ich habe euch nicht aufgefordert, euch zu bekämpfen. Beide habt ihr Recht. Und beide habt ihr Unrecht. Was jeder von euch sagte, ist wahr. Doch die ganze Wahrheit habt ihr nicht erkannt. Vielmehr habt ihr euch bekämpft und eure Freundschaft aufs Spiel gesetzt, weil jeder von euch meinen Mantel nur von seinem Standpunkt aus besah."

48. Egoistisch

Vier Bettler hatten den ganzen Tag an verschiedenen Ecken des kleinen Dorfes ihre Bettelschalen den vorübergehenden Leuten hingehalten. Als der Abend kam, ging ein jeder von ihnen zu der kleinen windschiefen Hütte am Dorfrand, die ihnen als Unterkunft diente. Erschöpft vor Hunger hockten sie um das kleine Feuer, das die Dunkelheit kaum erhellte.

Nun war es an dem Tag so gekommen, dass der erste Bettler nur ein einziges Stückchen Fleisch erhalten hatte. Dem zweiten Bettler war etwas Gemüse in seine Schale gegeben worden. Der dritte Bettler hatte ein paar Gewürze bekommen, und der vierte Bettler hatte einige Handvoll Reis in seiner Schale.

Da saßen die Bettler nun im Zwielicht ihrer Hütte, murrten wegen der geringen Gaben, redeten hin und her, bis einer von ihnen vorschlug, wenn jeder von ihnen seine Gabe in den Topf mit kochendem Wasser gäbe, dann hätten sie in kurzer Zeit eine feine Suppe, die jeden von ihnen satt machen würde.

Der Vorschlag wurde begeistert aufgenommen. Das Wasser wurde geholt und der Topf über die Feuerstelle gehängt. Dann saßen sie wieder um das Feuer herum, ein jeder in Erwartung einer köstlichen heißen Suppe.

Dem ersten Bettler kam der Gedanke, dass wenn die anderen Reis, Gemüse und Gewürze in den Topf gäben, doch für ihn selbst eigentlich keine Notwendigkeit bestünde, auch noch sein kleines Stück Fleisch dazuzugeben. Darum wollte er, wenn das Wasser zu kochen begänne, zwar so tun, als ob er das Fleisch in den Topf gäbe und nachher auch bestätigen, was das doch für eine kräftige Suppe sei. Sein Stückchen Fleisch wolle er aber doch für sich behalten.

Als das Wasser kochte, tat er so, als gäbe er sein Fleischstückchen ins Wasser, und der zweite Bettler tat es ebenso mit seinem Gemüse, der dritte mit seinen Gewürzen und der vierte mit seinem Reis, und jeder bestätigte, dass er all sein Hab und Gut für diese köstliche Suppe gespendet hätte.

Im Dorf erzählt man, dass es in dieser Nacht ein großes Geschrei und einen heftigen Streit in der Hütte der Bettler gegeben habe, als sie den Topf vom Feuer nahmen und feststellten, dass nichts darin war als heißes Wasser.

49. Beschämt

Ein Araber hatte ein Pferd, das reinrassig und so über alle Maßen schön war, dass ein jeder, der es sah, sogleich den Wunsch verspürte, es besitzen zu wollen. Ein Beduinenscheich bot ihm zwei edle Kamele für sein Pferd, doch der Araber war nicht interessiert. Auch die gesamte Kamelherde des Scheichs wollte der Araber nicht gegen sein Pferd eintauschen.

„Wenn er mir gegen all mein Hab und Gut das Pferd nicht einhandeln will, dann muss es eben mit einer List gehen", dachte sich der Beduine, und er verkleidete sich wie ein Bettler.

Schlimme Schmerzen vortäuschend, legte er sich an den Rand der Straße, von der er wusste, dass der Araber auf seinem Pferd hier vorbeikommen werde. Und so geschah es auch. Voller Mitgefühl mit dem leidenden Bettler stieg der Araber vom Pferd. Er beugte sich über den armen kranken Mann und bot ihm an, ihn zu einem Arzt zu begleiten.

„Ich bin zu schwach zum Laufen“, wimmerte der Bettler. „Ich habe schon seit Tagen nichts mehr gegessen. Ich kann nicht aufstehen, ich habe keine Kraft mehr.“

Der Araber hob mit starken Armen den kranken Bettler in den Sattel, und kaum, dass er auf dem Pferd saß, stieß er ihm mit den Füßen in die Flanke und galoppierte davon.

Schnell hatte der Araber erfasst, dass er von dem Beduinen überlistet worden war, und er rief dem Scheich nach, er solle anhalten, da er ihm etwas sagen müsse. Stolz, aber auch neugierig zügelte der Scheich in sicherer Entfernung das Pferd.

„Du hast mir mein Pferd gestohlen“, rief der Araber. „Daran kann ich nun nichts mehr ändern. Aber wenn du noch einen Funken Anstand im Herzen haben solltest, dann erfülle mir die Bitte und erzähle niemandem, auf welche Weise du mich hereingelegt hast."

„Warum sollte ich das wohl tun?", rief der Scheich höhnisch zurück.

„Weil irgendwann wirklich ein armer Mensch krank und hilflos am Wegrand liegen könnte. Und wenn dein Verhalten bekannt wird, wird niemand mehr ihm helfen wollen."

Ein Woge von Scham erfasste den Scheich. Er ritt zurück, und wortlos übergab er das edle Pferd seinem rechtmäßigen Besitzer.

50. *Zuwendung*

Der leitende Arzt der Kinderstation bemerkte ein kleines Mädchen, das still in seinem Bett saß, eine Puppe fest an sich gepresst. Die meisten anderen Kinder spielten recht munter in einer Ecke. Doch dieses kleine Mädchen schien ihm sehr einsam und bedrückt zu sein. Er fragte die Stationsschwester, was sie über das Mädchen wisse.

„Die Kleine bekommt keinen Besuch. Ihre Mutter ist tot. Ihr Vater war nur einmal hier und brachte ihr die Puppe. Die lässt sie seitdem nicht mehr los. Er hat sie seit zwei Wochen nicht besucht. Die anderen Kinder bekommen wie üblich fast täglich Besuch. Doch da niemand zu der Kleinen kommt, halten die Kinder sie für unwichtig und beachten sie nicht.

Sie ist ja nicht mehr so krank, als dass sie

nicht ein bisschen mitspielen könnte. Ich weiß auch nicht, was ich da noch machen soll."

Der Arzt ließ sich die Auskunft der Krankenschwester durch den Kopf gehen und kam zu einem raschen Entschluss. Laut auftretend und sich räuspernd ging er auf das Bett der kleinen Patientin zu.

„Darf ich mich einen Augenblick zu dir setzen? Ich habe nicht viel Zeit, aber ich wollte dich so gerne besuchen und mich mit dir unterhalten", sagte der Arzt so laut und herzlich, dass nicht nur das Mädchen erstaunt die Augen aufriss, sondern auch die Kinder in der Spielecke verstummten und zu den beiden hinübersahen.

Der Arzt dämpfte seine Stimme, erkundigte sich nach den Wünschen der kleinen Patientin, tröstete sie und fragte auch nach der Gesundheit ihrer Puppe. So sprach er eine Weile leise mit ihr, und langsam kam das Leuchten zurück in die Augen des Kindes. Als der Arzt von dem Krankenbett aufstand, schenkte es ihm sein schönstes Lächeln.

„Und vergiss unser Geheimnis nicht", sagte er jetzt wieder so laut, dass alle Kinder im Raum es hören konnten. Er gab dem Mädchen seine Hand und verabschiedete sich auch von ihrer Puppe. Schon fast bei der Türe drehte er sich noch einmal um und sagte laut: „Und du weißt ja, dass du es niemandem verraten darfst!"

Als er noch einmal zurückschaute, bevor er leise die Türe schloss, sah er schmunzelnd, dass das kleine Mädchen der Mittelpunkt des Interesses der anderen Kinder geworden war.

51. Fesselnd

Rustem war ein berühmter Held und Feldherr in den Diensten des Herrschers von Persien. Er wurde von allen im Heere „Der rechte Arm des Herrschers“ genannt, denn sein Mut und seine Klugheit machten ihn beliebt bei allen Soldaten, die jedoch sein rasches Aufbrausen und seinen Jähzorn in gleichem Maße fürchteten.

Einst missfiel ihm eine Entscheidung des Herrschers so sehr, dass er sie als direkte Beleidigung seiner Person ansah und annehmen musste, dass er in Ungnade gefallen sei.

Um das drohende Schicksal abzuwenden, sammelte er seine ihm ergebenen Offiziere um sich und versicherte sich ihrer Unterstützung, denn in seiner Verbitterung plante er nichts anderes, als einen Aufstand anzuzetteln.

Als dem Herrscher dieses Vorhaben hinterbracht wurde, sprach dieser zu sich selbst: „Wenn dieser Ehrgeizling, den meine Soldaten als einen Helden verehren, die Fackel der Empörung anzündet, so weiß ich nicht, welches Bollwerk ich dagegen setzen soll. Aber ich will meine Wesire befragen und hören, was sie mir raten können."

Der Rat der Wesire empfahl dem Herrscher einstimmig, den mächtigen Verräter Rustem sofort in Ketten zu legen, um den Aufstand im Keime zu ersticken. Nachdenklich bestätigte der Herrscher seinen Ministern, dass er ihrem Rate unverzüglich folgen wolle. Statt aber die Elitetruppe seiner Leibwache auszuschicken, um Rustem in einem günstigen Augenblick zu überwältigen und ihn in eisernen Ketten abzuführen, sandte er eine Botschaft an Rustem und bat ihn zu sich.

Übel gelaunt und mühsam beherrscht fand sich der Feldherr bei seinem Herrscher ein. Doch nicht schlecht war sein Erstaunen, als ihn der Herrscher statt mit Vorwürfen und Anklagen mit Wohltaten, Geschenken und neuen Ehren wegen seiner großen Verdienste überhäufte und ihn seiner Gnade und Liebe versicherte. Überwältigt von so viel Großmut sank der stolze Mann auf die Knie, schwor seinem Vorhaben ab und gelobte seinem Herrscher aufs Neue ewige und unverbrüchliche Treue.

Doch auch die Wesire waren höchst überrascht vom Verhalten des Königs, da er ursprünglich doch ihrem Rat folgen wollte.

„Seht, meine Herren Minister", sprach der Herrscher zu ihnen, „ich habe euren Rat befolgt, mir jedoch eine kleine Abwandlung gestattet. Ich habe Rustem mit der stärksten Kette gefesselt. Für Hände und Füße braucht man viele Ketten, und sie sind grausam und eines tapferen Mannes unwürdig. Für das Herz braucht man nur eine. Und bei edlen Menschen hält sie ewig."

52. Fremd

Hau ab! Verzieh dich! Mach, dass du wegkommst! Was hast du hier zu suchen? Hier kennt dich keiner!“

Die ganze Clique hatte sich gegen den Fremden gewendet.

„Das macht nichts, dass mich hier keiner kennt. Ich kenne mich selber“, sagte gelassen der Fremde. „Das Gegenteil wäre schlimm: Wenn alle mich kennen würden und ich selbst nichts von mir wüsste.“

53. *Überschätzt*

Ein Schüler, der den Pfad der Erleuchtung studierte, glaubte fest an die Macht seines geistigen Lehrers. Einmal kam er an einen Fluss, über den keine Brücke führte und kein Fährmann seine Dienste anbot.

Da konzentrierte sich der Schüler auf seinen verehrten Lehrer und schritt über das Wasser, einfach indem er den Namen seines Meisters aussprach.

Diese Begebenheit kam dem Lehrer zu Gehör. Er überlegte, dass es für ihn, den Meister, doch auch möglich sein müsste, ein Wasser zu überschreiten, wenn es bereits einem einfachen Schüler gelänge, indem er nur den Namen des Meisters ausspricht. „Wenn schon mein Name eine solche Macht hat, dann wird es mir selbst doch erst recht möglich sein, denn wie machtvoll muss ich sein?“

Der Lehrer ging an das Ufer eines Sees. In Erwartung der großen Tat holte er tief Luft, schritt zuversichtlich aufs Wasser zu, rief dabei: „Ich, Ich, Ich!“ und ertrank.

54. *Gerechtigkeit*

Alexander der Große kam auf seinen Eroberungszügen in die entlegensten Gebiete der damals bekannten Welt. In einem kleinen Land war er am Tage der Rechtsprechung zugegen und war neugierig, nach welchen Gesetzen in diesem Lande geurteilt wurde.

Zur Verhandlung kam die Klage eines Nachbarn gegen einen anderen. Der eine Nachbar hatte dem anderen ein Stück Land verkauft. Nun hatte der neue Besitzer bei Grabungsarbeiten einen Schatz von großem Wert entdeckt.

„Dieser Schatz gehört mir nicht. Ich habe ja nur das Grundstück gekauft. Und mein Nachbar, der vorige Besitzer, will ihn nun nicht annehmen."

„Ich bin der Meinung, dass ich keinerlei Anrecht auf den Schatz habe, denn er gehört mir nicht. Außerdem habe ich das Grundstück mit allem, was darauf ist, und mit allem, was darin ist, verkauft, also auch mit dem Schatz“, rechtfertigte sich der Verkäufer.

Der Richter wiederholte ihre Erklärungen und erkundigte sich bei beiden Parteien, ob er ihre Ausführungen richtig verstanden hätte. Dann überlegte er eine Weile und fragte den Verkäufer:

„Hast du einen Sohn?“

„Ja.“

„Und hast du eine Tochter?“

„Ja, ich habe eine Tochter“, antwortete der Käufer.

„Dann verfüge ich Folgendes: Dein Sohn soll deine Tochter heiraten, und das Ehepaar soll den Schatz als Heiratsgut bekommen.“

55. Entscheidend

Wer in Erwartung einer Gegenleistung oder Anerkennung schenkt, ist eigentlich mehr ein Händler, denn ein Geber aus Liebe. Nur wer selbstlos gibt, schenkt wirklich“, sagte der Meister, und er erzählte seinen Schülern folgende Geschichte.

Am Tage des Gerichtes prüft der Allmächtige die guten und die schlechten Taten. Da zeigt die Waage der Gerechtigkeit, dass gleichviel schlechte wie gute Taten im Leben eines Mannes die Waagschalen im Gleichgewicht halten und keine Seite zu seinen Gunsten oder seiner Verdammnis überwiegt. Da sagt der Herr in seiner Güte zu ihm:

„Gehe zu der langen Reihe der dort Wartenden und frage, ob nicht einer von ihnen dir vom Schatz seiner guten Taten eine schenken mag, damit sich die Waagschale deiner guten

Taten zu deiner Erlösung neige, und ich will dich ins Paradies eintreten lassen."

Von Wartendem zu Wartendem geht der Mann, doch antworten ihm manche auf seine Bitte hin, dass man es sich nicht leisten könne, auch nur eine einzige kleine gute Tat zu verschenken.

Andere tun so, als wenn sie nichts gehört hätten, und wenden sich einfach ab.

Verzweiflung ergreift allmählich den Bittsteller, als er erfahren muss, wie es um die Großherzigkeit der Menschen bestellt ist.

Die Reihe der Wartenden wird immer kürzer und somit seine Chancen immer geringer. Da fragt ihn einer der zuletzt Angekommenen:

„Was benötigst du denn, Bruder?"

„Eine einzige gute Tat, und sei sie auch noch so klein. Viele hier haben sicher eine ganze Menge davon angehäuft, doch jetzt, zur Stunde der Entscheidung, ist auch nicht ein einziger bereit, mir die geringste gute Tat abzugeben, aus Angst, sie könnte ihm nachher fehlen."

„Oh Mann, deine Sorgen möchte ich haben. Du hast ja eine ganze Waagschale voll und ich nur eine einzige. Und da die eine gute Tat, die ich vorweisen kann, das Gewicht meiner schlechten Taten unmöglich aufzuheben vermag, nützt sie mir ohnehin nichts. Also, ich schenke sie dir."

Dankbar und erleichtert kehrt der Mann zum Richterstuhl zurück.

Wenngleich allwissend, lässt sich der Herr dennoch berichten, wie es ihm ergangen sei.

Glücklich berichtet der Mann von seinen vielen schlechten und der einen guten Erfahrung und lobt den selbstlosen Sünder.

Da lässt der Herr jenen Menschen herbeiholen, der mit dem einzig Guten, das er sein eigen nannte, so freigebig war, und sagt zu ihm: „Du hast jenen Menschen befreit, darum befreie ich dich. Gehe ein ins Paradies."

56. Altes Leiden

Ein Philosoph hatte als Folge eines Unfalls in seiner Kindheit einen lahmen Fuß und litt alle Tage große Schmerzen. Einst war ein anderer Gelehrter bei ihm zu Gast. Beim gemeinsamen Essen erhob der Gelehrte sein Glas und trank seinem Gastgeber zu.

„Mein lieber Freund, ich danke dir für die Einladung, und ich wünsche dir von Herzen vollkommene Gesundheit!"

„Wenn du mein Freund bist, dann solltest du mir das nicht wünschen!", sagte der Philosoph.

„Ja, natürlich bin ich dein Freund und dir vollkommen zugetan", erwiderte verwundert der Gelehrte. „Aber warum sollte ich dir darum nicht beste Gesundheit wünschen?"

„Wir sind Freunde geworden, weil wir die sind, die wir sind. Hätte ich mein Leiden nicht, wer weiß, was aus mir geworden wäre."

57. Ebenbild

Ein König hatte ein wunderschönes Schloss und einen prächtigen Jagdhund. Als der einmal durch die Säle und Räume des Palastes lief, wagte es keiner der Diener, den Hund zu verjagen. So kam das Tier auch in den Spiegelsaal, der über und über mit den funkelndsten Kristallspiegeln ausgekleidet war. Wie erschrak der Jagdhund, als er sich plötzlich von Hunderten Jagdhunden umringt sah. Wütend fletschte er die Zähne, und Hunderte Hunde fletschten ebenfalls die Zähne. Knurrend und äußerst gereizt begann er, im kreisrunden Saal herumzurennen, und alle Hunde jagten ihm nach. Vor Wut hetzte der Jagdhund so lange im Kreise herum, verfolgt von Hunderten Spiegelbildern, bis er tot zusammenbrach.

Ach, hätte er doch nur einmal freundlich mit dem Schwanz gewedelt …

58. Gute Freunde

Ein Mann war durch seinen Handel zu großem Reichtum gekommen. Er hatte die Jahre seines Elends aber nicht vergessen, und so unterstützte er die Armen und half, wo er nur konnte. Viele waren stolz darauf, von ihm Beistand zu erhalten und in ihrer Umgebung brüsteten sie sich damit, seine Freunde zu sein.

Dann geschah es aber, dass der Reiche in einem Sturm seine zwei besten Schiffe mit all seinen wertvollen Gütern verlor und nun selbst wieder arm war. Überall sprach man von seinem verlorenen Glück, und die Freunde aus seiner Glanzzeit verließen ihn, da bei ihm nichts mehr zu holen war. Ja, jetzt leugneten sie sogar, jemals mit ihm befreundet gewesen zu sein.

Doch das Schicksal ist dem Tüchtigen hold,

und bald änderten sich seine Geschicke wieder. Er gewann einen großen Prozess gegen den Staat, und er erhielt eine so große Entschädigung, dass seine Kassen besser gefüllt waren als vorher.

An einem Feiertage stand der Reiche am Fenster und sah eine Schar seiner alten Freunde näherkommen, die ihn nach langer Zeit besuchen wollten.

„Schnell, stellt die große Geldtruhe auf den Tisch!“, rief er seinen Dienern zu.

„Was soll denn das bedeuten?“, fragten die Freunde, als sie die Geldtruhe so unübersehbar präsentiert sahen.

„Das hat zu bedeuten“, entgegnete der Reiche, „dass ihr nicht zu mir, sondern um mein Geld zu besuchen gekommen seid.“

59. Möblierung

Nach ihrem Examen hatte die junge Frau in der Stadt, in der auch eine gute Freundin wohnte, ihre erste eigene Wohnung gefunden. Und obwohl sie beruflich außerordentlich begabt war, wirkte sich ihre Arbeitsdisziplin nicht auf ihr Privatleben aus. Im Gegenteil, hier war sie sprunghaft, fahrig, wollte immer alles gleichzeitig und immer alles sofort, fing viele Sachen an und brachte kaum etwas zu Ende.

„Ich habe so tolle Ideen, wie ich meine Wohnung einrichten möchte", plauderte sie ganz aufgeregt. „Ich weiß gar nicht, was ich von zu Hause mitnehmen soll und was nicht. Und es gibt heute so viele schicke Sachen, da komme ich wirklich ins Schwärmen."

„Am einfachsten wäre es, du richtest dich mit dem Wenigen ein, das absolut notwendig ist. Alles andere lässt du erst einmal weg. Dann sparst du nicht nur viel Geld, sondern hast auch Zeit, dich an deine neuen Räume zu gewöhnen. Und Minimalismus ist ohnehin angesagt“, riet ihr die Freundin.

„Alles weglassen, was nicht unbedingt nötig ist – das ist eine super Idee für meine neue Wohnung.“

„Nicht nur zur Einrichtung deiner Wohnung“, sagte die Freundin, „sondern auch für dein neues Leben: Stelle nur hinein, was dir wirklich wichtig ist.“

60. *Selbstständig*

Ein Schüler sollte sich auf die Reise zu einem weit entfernten Kloster begeben, doch er sorgte sich, den langen Weg alleine zu gehen. Er bat einen älteren Freund, ihn zu begleiten, damit er unterwegs eine Hilfe habe.

„Ich will gerne mit dir gehen und dir helfen, so gut ich kann“, sagte der Freund. „Aber das meiste wirst du schon alleine tun müssen.“

„Ich verstehe nicht, was du damit meinst.“ – „Nun, das fängt schon morgens an. Wenn ich aufstehe, hilft es dir nichts, du musst schon selbst aufstehen. Waschen und Zähne putzen musst du auch selbst. Und wenn ich frühstücke, wirst du davon nicht satt. Wenn ich losgehe, nützt es dir auch nichts. Denn nur du selbst kannst deine Füße zum Gehen bringen.“

Da hatte der Schüler verstanden und begab sich allein auf die weite Reise.

In gleicher Ausstattung sind im Verlag Herder erschienen:

Norbert Lechleitner
Balsam für die Seele
Freundschaft
Überraschende Weisheitsgeschichten, die Sympathie schenken
ISBN 978-3-451-06618-4

Norbert Lechleitner
Balsam für die Seele
Glück
Überraschende Weisheitsgeschichten, die inspirieren
ISBN 978-3-451-06619-1

Norbert Lechleitner
Balsam für die Seele
Kraft
Überraschende Weisheitsgeschichten, die stark machen
ISBN 978-3-451-06621-4

Norbert Lechleitner
Balsam für die Seele
Lebensfreude
Überraschende Weisheitsgeschichten zum Genießen
ISBN 978-3-451-06620-7